［新版］
アメリカの高校生が読んでいる経済の教科書

Economics Textbooks Read By American High School Students

小川正人
Ogawa Masato

フォレスト出版

はじめに

経済学は英語で学ぶと
しっくりと頭に入ってくる

　日本の大学で学んだ「経済学」は難しいどころか、さっぱりわかりませんでした。ところが、アメリカで「経済学（Economics）」や「経済教育（Economic/Economics Education）」を学び始めると、不思議なことにすんなり頭に入ってきたのです。日本では完全な落ちこぼれが、アメリカの公立高校の社会科教師として経済学を、大学の教員として経済教育を担当するまでになったのです。

　日本で教える経済学とアメリカで教える経済学の違いとはいったいどこにあるのでしょうか？

　両者の違いは、経済学を概念である「経済学の基礎」（Key Economic Concepts）を教える土台としているか、丹念に教えるかどうかにあるのではないかと考えています。

　たとえば、「基本的な経済問題」の1つに「**希少性（Scarcity）**」があります。希少性とは資源に限りがあり、私たちの欲望（Human Wants）は限りある資源を常に上回ってしまうということですが、この問題はいかなる社会（Society）も直面する問題です。日本の経済学の教科書では通りすぎてしまうような内容かもしれませんが、この基本的な経済問題「希少性」に関して社会が考えるべき3つの問いがあります。

003

1.What……どんな商品、サービスが生産・供与されるべきか？

2.How……どのように商品、サービスは生産・供与されるべきか？

3.Who……誰がその商品、サービスを消費・授与すべきか？

　この３つの「希少性」による基本的な経済問題に対して社会は答えを考え続けなければならない、**「選択（Choice）」**をしなくてはならないということなのです。なお、経済学上の「Goods and Services」は「財・サービス」と訳すことが多いですが、この本ではわかりやすく「商品・サービス」と訳します。

　この経済問題はそれぞれの社会のありようを考えるということであり、小学校や中学校で学ぶ「社会（Social Studies）」の重要な理解につながるものです。この概要は私が８年間住んでいたアメリカ中西部のインディアナ州では中学２年生（K-8）の「社会」で学びます。

　また、社会では「どのような商品・サービスが求められ（What）」「どのように生産し（How）」「誰に売るべきか（Who）」は、経営者、起業家（Entrepreneur）に関する学問である経営学の考え方にもつながっていきます。

　経営者であれば常に考えるべきは、この基本的な経済問題だということです。このため、アメリカの経済教育では、その応用編として、「起業家教育」があります。日本の多くの大学では経済学と経営学では学部も違いますし、断絶しているように見えます

が、アメリカでは直接につながっているのです。

　また、日本では起業家というと、一攫千金を狙う人たちのように思われがちですが、本来、起業家は「希少性」による基本的な経済問題に取り組む最前線の人ということなのです。「希少性」による基本的な経済問題という視点でこの社会、経済学を見つめ直すと深く理解ができるのではないでしょうか。詳しくは序章で考えていきます。

　この「希少性」は、近代経済学の出発点です。アメリカの経済教育の実質的なガイドラインである「Council for Economic Education（アメリカ経済教育協議会：CEE と略します）」のスタンダード「経済学における任意の全国共通学習内容基準」に収録された 20 項目の中で、一番最初にきているほど重要なものです。

　CEE のスタンダードによれば、「生産資源は限られている。したがって、人々は、自分が欲するすべての商品を手に入れることができない。その結果、人々はあるものを選択したら、ほかのものをあきらめなければならない」とあります。

　経済学は「希少性」の学問であるという前提があれば理解が早く進みます。

　さらに、この「『希少性』による基本的な経済問題」の上に、「では選択とは何か？」を考えるために「6 コア（The Six Core）経済原則（Economic Principles）」があります。多くの教師がまずはこの原則を理解し、生徒たちに教えることを重視しています。

「6コア経済原則」とは次のようなものです。

1. 人々は選択する
   ……希少性と選択

2. すべての選択にはコストがかかっている
   ……効用と費用

3. 人々はインセンティブ（経済的誘因）に反応する
   ……インセンティブ（Incentive）

4. 経済システムは個人の選択とインセンティブに影響を与える
   ……ルール（Rule）

5. 自発的な取引が富を生む
   ……自発的取引（Voluntary Trade）がより広い選択を可能にさせる

6. 選択の結果が未来に広がっている
   ……意思決定が将来に影響を与える

　経済学は「希少性」の学問であると同時に「**選択の学問（Study of Choice）**」と言われています。
　「1. 人々は選択する」は、「私たちは手に入れられる以上のモノを欲しがるが、**生産要素（労働（Human）、土地（Natural）、**

はじめに

資本（**Capital**））には限界がある。希少性（Scarcity）という経済問題に直面した私たちは、最も効用（Benefit）が大きく、費用（Cost）が小さい選択肢を選ぶ」とあるように経済学の基本がわかりやすく紹介されています。そのほかにインセンティブ（Incentive）、自発的取引（Voluntary Trade)と経済学の基本用語が次々と出てきます。

　つまり、「6コア経済原則」とは経済学の基本なのです。

　また、アメリカでは、経済学というよりもパーソナル・ファイナンスという視点での教育にも力を入れられるようになっています。パーソナル・ファイナンスとは日本語でいえば、「個人のお金の管理」でしょうか。市場経済社会でお金に不自由しない生活を送るのに必要な知識のことです。つまり、身の回りの「お金」に関することです。

　アメリカでは、1990年代にクレジットカードの利用による個人債務が1人平均4000〜5000ドルくらいにまで膨れ上がり、多くの消費者が自己破産寸前にあるという深刻な状況になってしまいました。このとき、特に若者の自己破産者が急増することが危惧されました。

　そこで、National Council on Economic Education（今のCEE）は、国民を教育して賢い消費者にすることを推進しました。それまでに高校で教えていた経済学の範囲をパーソナル・ファイナンス（消費者レベル）にまで広げることにしたのです。

　CEEは、幼稚園児から大学生までの児童・生徒・学生の経済リテラシーを高めることを目的とし、1949年に設立された非営利組織で、アメリカにおける経済教育のフレームワークを策定し

ています。

　このフレームワークを基に、アメリカの高校生向けの教科書が作られています。しかし、アメリカ全土で採用されるにはいたってはいません。

　この理由は、アメリカの教育政策によります。つまり、日本では文部科学省が定めた学習指導要領が教科書の編纂に必要な唯一の基準となるのに対して、アメリカでは教育は州政府の専管事項であるため、地方政府（州）に児童・生徒の学習内容を決める権限があり、日本のような全国統一基準はありません。

　そこでCEEは、経済教育のスタンダードという形で一種の学習指導要領を提示しているのです。現在では、このスタンダード「経済学における任意の全国共通学習内容基準」に沿った教科書を全面的に採用している州もあれば、部分的に採用している州もあります。すでに、多くの教科書・教材がCEEの影響を受けているといっていいでしょう。もちろん、CEEスタンダードの教科書では、パーソナル・ファイナンスだけでなく、普通の経済学についても教えています。現在、アメリカではクレジットカード破綻よりも、高金利の奨学金が問題になっており、学生にとってより必要な知識になっているのです。

　こうした中、私は2005年から2013年の8年間、インディアナ州にあるインディアナ大学ココモ校にて専門の社会科教育に加えて経済教育を担当してきました。大学の経済教育センターの副所長（所長は経済学者）として中学生・高校生に向けた経済教育のほかに、小学校・中学校・高校の先生たちを対象としたワークショップを企画・運営しました。ワークショップではCEEが

はじめに

作成した教材や、小学校の先生たちには絵本を使い、「経済学とは何か?」「児童・生徒たちに経済学に興味を持ってもらうにはどうすればいいのか?」「生活に役に立つ経済学の教え方とは何か?」を常に心がけていました。

その1つが「6コア経済原則」というわけです。

本書ではこの「6コア経済原則」の選択の考え方を家計、企業、金融、政府、貿易という5つの要素で見ていきます。

CEEのスタンダードをベースにした教科書の中には、本書と同様に、家計、企業、金融、政府、貿易という5つの主体を「ファイブ・セクター・モデル」として重要視しているものもあります。というのも、実際の経済は、これら5つの主体がそれぞれ影響し合って動いているので、ファイブ・セクター・モデルを使って説明した方が理解しやすいからです。

最も身近な「家計の経済学」を皮切りに、「企業(起業)の経済学」「金融(銀行)の経済学」「政府の経済学」「貿易の経済学」といった流れで章を進めていきます。

ただし、CEEのスタンダードは、アメリカの実状に合わせて作られているので、税、社会保障、中央銀行のシステムなどさまざまな部分が、日本とは異なっています。

今回は日米の違いを考えた上で、日本の教育現場でCEEのスタンダードを当てはめるとこういう授業になるだろうという前提で、話を進めていこうと思います。

contents

はじめに　003

序章　経済学の基本は「希少性」と「選択」

希少性とトレードオフ　Scarcity and Trade-off
われわれの世界は「選択」で成り立っている　018

「希少性」は経済学を考える上での基本 / 人生は選択の連続

生産性と価格　Productivity and Price
全員が最大限のメリットを得るためには？　023

どうすれば生産性は高まるのか? / 国際的な分業とグローバリゼーション /
価格はどのように決まるのか?

経済の循環　Cycle of Money
「金は天下の回りもの」は正しい　028

企業と家計の関係

第1章　家計の経済学
複利のパワーを味方につける!

72のルール　Rule 72
預けたお金は何年で2倍になるか？　032

難しい計算は必要なし!

金利〈その1〉　Interest part1
「単利」と「複利」のどちらがトクか　037

お金を預けるなら必ず「複利」にしよう!

金利〈その2〉　Interest part2
「月利」と「年利」のトリックにだまされない！　040

金利のトリック「月利」に注意！

金利〈その3〉　Interest part3
「短期金利」と「長期金利」　043

利息は金融の潤滑油 / 金融の基本的なビジネスモデル

金利〈その4〉　Interest part4
預金金利とローン金利　049

お金を借りるときの金利、預けるときの金利

給料　Salary
可処分所得の減少に注意！　051

家計の目的は「幸福の最大化」

労働　Labor
労働市場が賃金の額を決める　054

労働も商品の一種 / 賃金は労働力の需要と供給で決まる / 人的資本を高めよう

第2章　企業の経済学
人々を満足させることで利益を得る

企業　Company
最終目標は「利益の最大化」　062

企業とは何か

起業家　Entrepreneur
経済を活性化させる欠かせない存在　064

起業家とは何か / 起業家のインセンティブ / 経営学とは何か

融資と投資　Financing and Investment
企業は常にお金を必要としている　070

融資と投資の違い

株式　Stock
会社の経営権を少しずつ売って資金を調達する　072

「公開会社」と「非公開会社」

債券　Bond
出資者に必ず返さなければならない資金調達方法　075

債券発行者は定期的に利息を払う

決算書　Accounting
会社の業績がわかる"通信簿"　078

「バランスシート」と「損益計算書」

利益　Profit
どうすれば「利益の最大化」を達成できるのか　081

「収益」と「利益」の違い

収益　Sales
どうすれば売り上げを増やせるのか　083

利益と収益・費用の関係

ビジネスを立ち上げる　Start a Business
どのような分野で戦うべきか　085

消費者と競争相手がどれくらいいるか / ライバルをいかに出し抜くか

価格　Price
モノの値段はどう決まるのか　089

商品は市場で配分される / 価格というインセンティブ

「需要」と「供給」　Demand and Supply
値段と量は買い手と売り手の気持ちで変わる　094

価格に応じて欲しい人の数が変わる / 売り手の気持ちも価格を左右する /
需要曲線と供給曲線の読み方

第3章　金融の経済学
あなたの「利息」は、あなたの「信用」で決まる

金融　Finance
利息が仲介する経済活動　108

預金は銀行の借金 / 時間と利息はトレードオフの関係にある / 家計・企業と
銀行の関係

信用　Credit
あなたの信用で融資額が決まる　112

ローンは慎重に組もう / 貸し手の判断基準「3C」 / リスクと利息 / 信用が
高いほど金利は低くなる

インフレーション　Inflation
お金の価値とモノの価値　120

望ましい物価上昇率は1〜2パーセント

デフレーション　Deflation
物価が下がると不景気になる　123

デフレはデフレを呼ぶ / 適度なインフレは経済を活性化させる

金利とインフレ率　Interest and Inflation
消費するか貯蓄するかは物価次第　128

インフレは金利を上げる　/　金利が上がれば、株価は下がる　/　「名目」金利と
「実質」金利

中央銀行　Ccentral bank
中央銀行の目的は「物価の安定と金融システムの安定」　135

金利は景気のアクセルとブレーキ　/　中央銀行の金融政策

公開市場操作　Open Market Operation
日銀がお金の量を調節する仕組み　140

中央銀行と市中銀行の国債売買

第4章　政府の経済学
目的は国民全体の生活を良くすること

国内総生産　Gross Domestic Product
国全体の経済規模を表す　146

政府の目的は「経済成長の最大化」/「国内総生産（GDP）」とは　/　GDPの
「三面等価の原則」/「名目GDP」と「実質GDP」

財政政策　Financial Policy
国の経済活動がスムースに回るように調整　154

財政政策の3つの役割　/　失業者を雇うのは政府？　それとも企業？

「大きな政府」と「小さな政府」　Big Government v.s. Limited Government
政府はどこまで国民の面倒を見るべきなのか　158

政府と民間との適切な距離は?　/　減税する？　それとも増税？

資源配分　Resource Allocation
政府には国民の経済活動を保障する役割がある　161

市場の自動調節作用 / 国民の財産権を守る

市場の失敗　Market Failure
「情報の非対称性」と「外部性」　167

「適切な競争」と「十分な情報」が大切 / 第三者に思わぬ影響を与える外部経済

公共財　Public Goods
国民全員が使える社会インフラと公共サービス　170

消費の非競合性と非排除性 / 公共事業でGDPを増やす / 政府もトレードオフに直面している

政府の失敗　Government Failure
費用負担と利益は平等にはなり得ない　174

経済的には正当化できない政策 / なぜ貿易障壁はあるのか / 政府は増税よりも借金を選びがち

国債　Government Bond
政府の活動資金を税金以外で調達　179

政府の借金 / 国債の利回り（長期金利）を見れば景気がわかる / 短期金利と国債の関係

第5章　貿易と為替の経済学
国際的な分業で世界全体が潤う

貿易　Trade
国民経済の利益が最大化する　190

5番目の経済主体「外国」

フロート制（変動相場制）　Floating Exchange Rate System
為替レートは需要と供給で決まる　193

外国為替市場は世界各地にある

政府の市場介入　Market Intervention
市場の行きすぎを政府が抑制する　196

政府が円安、円高を誘導 ／ 「公開市場操作」とは ／ アベノミクスでなぜ円安・株高になったのか

為替レートの影響　Effects of Changes in Foreign Exchange
国の経済は為替レートで決まる　202

為替レートが企業に与える影響 ／ 為替レートが家計に与える影響

カバーイラスト　川原瑞丸

装幀・ブックデザイン　bookwall

DTP制作・本文図表制作　津久井直美

編集協力　松井克明

編集　貝瀬裕一（MXエンジニアリング）

序章

経済学の基本は
「希少性」と「選択」

Scarcity and Trade-off

希少性とトレードオフ
われわれの世界は「選択」で成り立っている

「希少性」は経済学を考える上での基本

「希少性」のために社会が考えるべき３つの問いがあります。この序章ではその問いが経済学の基本キーワードとどうかかわるのかを見ていきます。

> **POINT**
>
> **1.What**……どんな商品、サービスが作られるべきか？
> 　→機会費用（Opportunity Cost）
> **2.How**……どのように商品、サービスは作られるべきか？
> 　→生産性（Productivity）、特化（相互依存：Interdependence）
> **3.Who**……誰がその商品、サービスを消費すべきか？
> 　→経済システム、価格による市場経済の循環モデル、貨幣

まず、すべての社会が直面する根本的な問題としての「希少性」を考えてみましょう。

希少性とは、商品（財・サービス）に対する人間の欲求が、実際に世の中にある資源を使って生産できる商品の数量を上回っていること──つまり、人間の欲求は無限ですが、資源は有限なので、「すべての」人の欲求を「完全に」満たすことは物理的に不

可能であることを意味します。

　経済学では、商品を生み出すのに必要な３つの資源「労働」「土地」「資本」を**「生産要素」**といいます。これに、生産活動を組織する起業家の能力を加えると４つになります。生産要素には希少性がある（数量に限界がある）があるために、すべての人の欲求を完全に満足させるだけの商品を生産することはできません。だからこそ、資源を大切にかつ有効に使わなければいけないのです。

　希少性は、そもそも生産要素が有限である（＝絶対量が決まっている）ことから発生します。希少性があるために、常にわれわれは、ある商品から得られる満足と別の商品から得られる満足のどちらかを選ばなければならないのです。選択です。つまり、すべてを手に入れることはできないというわけです。

人生は選択の連続

　われわれが選択するのは、満足を得るための商品だけではありません。人生は、いつでも選択をしなくてはいけないことばかりです。進学、恋愛、就職、結婚など選択を迫られる場面が多くあります。

　選択の例を挙げてみましょう。

　たとえば、目の前に自由に使える１万円があったとします。その１万円を何に使うのか——豪華な食事に使うのか、楽しい趣味に使う（消費する）のか、あるいは貯蓄するのか——を自由に決めることができます。たいていの人は、豪華な食事や楽しい趣味に使いたくなりますよね。なぜならば、「おいしい」「楽しい」という幸福感が得られるからです（経済学では、この幸福感のことを**「効用」**といいます）。

ただ、これでは貯蓄をする人が少なくなってしまい、金融機関は困ります。そこで、人々がお金を食事や趣味に使わないで貯蓄したくなるような「**インセンティブ（経済的誘因）**」として金利をつけるのです。金利が高ければ高いほど、お金を貯蓄しようと思う人は増えるでしょう。

> NOTE
>
> インセンティブ（経済的誘因）とは、ある活動に対して報酬やペナルティ（罰金など）を設定することによって、人々がその活動をするように誘導したり、あるいは逆に、それを回避するように誘導することです。たとえば、「お金が欲しいから仕事をする」とか、「罰金を払いたくないから駐車違反をしない」といったことです。インセンティブは、人間の特定の行動に対する意欲（あるいは抑制）を生み出すのです。

　貯蓄することで、食事や趣味に使うお金が減りますが、その代わりに金利がつくのでお金を増やすことができます。

　このように限られた条件の下で、複数の選択肢の中から何か１つを選ばなければならない状況のことを、経済学では「**トレードオフ状態にある（Trade-off）**」といいます。この場合は、「豪華な食事や趣味といった自分の楽しみのためにお金を使うのか」、あるいは「貯蓄してお金を増やすのか」という２者の間にトレードオフの関係が成立します。

　トレードオフが生じたときには、２つの選択肢それぞれの長所と短所を考慮し、比較・検討した上で選択をすることが求められます。しかし、皆さんもご存じのように、選択することは、簡単なことではありません。

何しろ、人間は後悔をする生き物です。ある選択をすると、今度は選ばなかったもう一方の選択肢に魅力を感じることが多々あります。「豪華な食事」をとりたかった、「趣味」を楽しみたかった、将来のために「貯蓄」すればよかった……といった具合に、どれか1つを選択したあとで、あきらめた（犠牲にした）別の選択肢がまぶしく見えてしまう人も少なくないでしょう。なるべくそうならないように、いくつかある選択肢をあらかじめきちんと比較・検討しておくことが大切です。

「あるものを手に入れるためにあきらめた別の次善のもの」を、経済学では「**機会費用（Opportunity Cost）**」といいます。この機会費用を上回る魅力のあるものを選択すべきなのです。選択すると必ず機会費用が発生します。

経済学で「選択」というときには、機会費用とインセンティブの2つを考えます。選ばれるべき商品・サービスは人々にとってインセンティブのあるものというわけです。

■ 00-01　トレードオフとインセンティブ

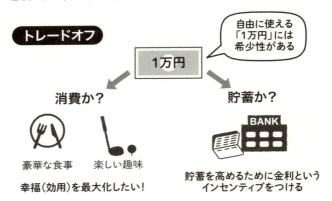

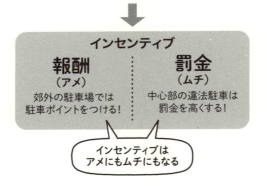

序章　経済学の基本は「希少性」と「選択」

============================ Productivity and Price ============================

生産性と価格
全員が最大限のメリットを得るためには？

どうすれば生産性は高まるのか？

「2.How……どのように商品、サービスは作られるべきか？」では、生産性（Productivity）を考える必要があります。

　希少性のある生産要素はスタート時は、「インプット（Input）」であり、最終的な商品・サービスに加工されることで「アウトプット（Output）」となります。

　インプット（Input）× 生産性＝アウトプット（Output）

そして、生産性の式は次のようになります。

　生産性＝アウトプット（Output）／インプット（Input）

このインプットをアウトプットがどれだけ上回ることができるか、これが生産性（Productivity）です。生産性とは、ある商品がどれだけの労働者の生産力（人数、時間など）によって作られたかを数値化したものです。労働生産性の場合は分母が労働時間になります。

　労働生産性＝アウトプット（Output）／労働時間（Labor

023

Hour）

　生産性が上がる（良くなる）というのは、希少性がある「イン
プット」を変えないとした場合には、次のようなものが考えられ
ます。

　「①機械・設備（Capital）などの量の充実」「②テクノロジーの
改良（機械・設備などの質の充実）」「③労働の質の改善、人的資
源（Human　Capital）」「④特化（Specialization）と取引（Exchange）
を増やすこと」です。

　このうち「①機械・設備（Capital）などの量の充実」「②テク
ノロジーの改良（機械・設備などの質の充実）」「③労働の質の改
善、人的資源（Human　Capital）」はアウトプットが増加するこ
とがわかると思います。では、「④特化（Specialization）と取引
（Exchange）を増やすこと」はどうでしょうか。

　これが**分業**（Division of Labor）です。個人単位ではそれぞれ
得意分野もありますし、関心もバラバラです。新しいスキルを
身につけるには時間も資源も有限です。このため、**生産の特化**
（Specialization）が必要となります。

　特化と分業は、通常は働き手の生産性を高めるのです。

　たとえば、ある製品を5人のグループで作るとしたとします。
このとき「①すべての工程を自分1人で作る」場合と「②同じ製
品をグループで分業して作る」場合とを考えてみましょう。

　各人が1人で全工程をこなして製品を1つずつ完成させるより
も、5人が担当する工程を決めて作業を分担（分業）して作った
方が能率が上がり、生産量は増加するでしょう。工場などで流れ
作業をするのはこういった理由があるのです。また、誰もが同じ
ような技術と資源を持っているときでも、分業して、1つの商品
に特化することが重要です。なぜなら、商品の生産を1つの場所

に集中させることで、生産量が増えて、ときには生産費用が低下するというメリットがあるからです。

それぞれの成果物は互いに自発的な交換・取引（Exchange）が行われるのです。

特化が生産性を高めていくというわけです。生活水準（Standards of Living）が向上し、より幅広い選択肢の中から選択をすることが可能になってきます。

国際的な分業とグローバリゼーション

この話は個人レベルだけではなく、国際関係レベルでも同様です。

世界には「**生産要素の地域的偏在**」と「**生産技術の地域的格差**」があります。

「生産要素の地域的偏在」とは鉱物などの資源が特定の国・地域に偏って埋蔵されていたり、また地域によっては特定の農作物が育ちやすかったり、育ちにくかったりするといった地域差が生じることを指します。

「生産技術の地域的格差」とは、すべての国が特定の資源を効率良く活用できる技術力を持っているわけでない、つまり技術力を持つ国は限られているということです。

こうした「生産要素の地域的偏在」と「生産技術の地域的格差」を、国際的に分業することで解消させることができます。つまり、各国が自分の得意な生産物を他国と取引することで、お互いが利益を得られ、経済成長できるというわけです。

なお、専門化すべきは、「機会費用が最も低い」ものとされています。他国と比較して個人・地域・社会が自分にとって最低

の費用で生産できるものに特化する（**比較優位（Comparative Advantage）**）。そして、自分が作れないものをほかの個人・地域・国家から購入することによって、お互いの生産と消費の両方が拡大します。こうして自由貿易が求められて、特定の商品の貿易を制限しようという「**貿易障壁**」が問題視されるのです。**相互依存(Interdependence)**の関係となり、**グローバリズム(Globalism)**、**グローバリゼーション（Globalization：統合化）** が議論されるのです。

NOTE

> 機会費用とは、「あるものを手に入れるためにあきらめた（犠牲にした）別の次善のもの」のこと。「機会費用が最も低い」とは、「コストがかからない。選択によって放棄しなければならない犠牲が最も少なくてすむ」ということです。

価格はどのように決まるのか？

「3.Who……誰がその商品、サービスを消費すべきか？」については、まず経済システムと、価格による市場経済の循環モデルを知っておきましょう。

　まず、現在のアメリカや日本は「**混合経済（Mixed Economies）**」にあります。分類としては、歴史と慣習が重視されて選択がなされる「**伝統的な経済（Traditional Economies）**」、キューバや北朝鮮のように中央政府が選択を行う「**統制経済（Command Economies）**」、自由な市場価格によって選択が行われる「**市場経済（Market Economies）**」、そして、統制経済と市場経済の双方の特徴を状況に応じて採用するのが混合経済です。

混合経済の世界では価格が重要になってきます。

そして、経済学的にも重要だとされているのが「**価格**」です。お店の商品の価格だけではなく、医療やクリーニングといったサービスにも価格はありますし、さらに働いた場合（労働）にも価格（賃金）があります。

価格はその商品・サービス・労働を購入する側と提供する側の交渉で決まるのが原則です。ただし、実際には交渉がある場合はまれで、社会の中で一定の相場が自然と出来上がっていきます。これを「**市場価格**」といいます。この市場価格が選択の大きな要素になっています。

============ Cycle of Money ============

経済の循環

「金は天下の回りもの」は正しい

企業と家計の関係

家計（消費者）と、企業とのやりとり（経済の循環）は非常に密接な関係にあり、それは価格を通じて行われています。また、媒介物としての貨幣を通じて、ともいえます。

代表的な例を紹介しましょう。

まず、家計（消費者）が商品を購入すると、お金の支払い（代金）と交換に、その商品の所有権が企業から消費者に移転します（通常の売買）。

企業は、その取引で得たお金を、次の仕事に必要な生産資源（天然資源、人的資源、資本財）の購入、労働者の給料の支払い（家計に入る）、納税（公共サービスに使われる）などに当てます。

このように見ると、家計（消費者）と企業はお互いを補うような存在です。

家計は、消費者であり、労働者です。

消費者としての役割を担う一方で、生産要素の供給者、つまり労働を提供する役割も演じています。

また、企業は生産者であり、雇用主でもあります。

企業は、消費者やほかの企業に商品を提供する一方で、生産要素の需要者（購入者）として労働者（家計）から労働を、地主から土地を、資本家から資本などの生産要素を提供してもらい、商

品の生産や販売を行っているのです。

　ところで、家計（消費者）と企業は、活動の目的が異なっています。

　家計（消費者）の目的は「**幸福の最大化（効用の最大化・満足）**」です。それに対して企業は、「**利益（利潤）の最大化**」を目的に行動をしています。利益を得るためには、消費者に自社が提供する商品が受け入れられることが必要です。

　この目的は、時として対立することがあります。

安く商品を買いたい家計　vs.　高く商品を売りたい企業

高く労働を売りたい家計　vs.　安く労働を買いたい企業

　家計（消費者）の目的「幸福の最大化」と、企業の目的「利益の最大化」が同じ方向を向いていれば問題ないのですが、不景気のときにはしばしば別の方向を向いてしまうことがあります。不景気になると、企業は労働者をリストラしたり、長時間の労働をさせつつも給料を減らすといったことをするのです。こうなると、企業と家計の目的の対立は次第に深刻になっていきます。

　そこに、政府がルールを設定し、調整のための政策を行い、企業や家計（消費者）に働きかけます。政府は家計と企業から税金を徴収したり債券を発行するなどという形で活動資金を集めます。政府は企業の声も聞き、家計の声も聞く調整役です。

　先ほどの「3.Who……誰がその商品、サービスを消費すべきか？」には、家計（消費者）、企業に加えて、政府も含まれるわけです。

■ 00-02　企業と家計の関係

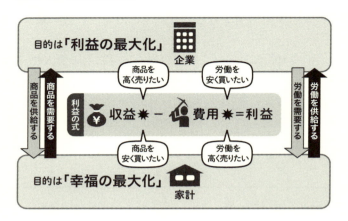

第 1 章

家計の経済学

複利のパワーを味方につける!

Rule 72

72のルール
預けたお金は何年で2倍になるか？

難しい計算は必要なし!

　最近は「若いうちから貯蓄しましょう」という貯蓄を重視する流れが強まっています。

　もちろん、貯蓄とは銀行に預金をし、利息を得ることです。

　利息とはお金を預けたときにはもらい、借りたときには払うものです。元の現金に対して利息がどのくらいの割合でつくのかを示したのが、「金利」です。

　金利は一般的には「年利」という形で「％（パーセント）」で表します。年利とは「1年間で発生する金利」です。これに対し、1カ月で発生する金利を「月利」といいます。

　アメリカでは、貯蓄がいかに大事なのかということを実践的に教えています。

　たとえば学生に、銀行に預けた元本（元金）を利息によって2倍にするには、どれだけの年数がかかるのかを教えます。

　このとき、難しい計算をする必要はありません。この答えを簡単に計算で導き出せる方法「72のルール」を教えるだけなのです。

　計算方法はいたって簡単です。72を金利（複利）で割ると、2倍になるまでのだいたいの年数がわかるのです。

　たとえば、年利（複利）が1パーセントであれば

$$72 \div 1 = 72$$

で約72年かかることになります。

また、年利（複利）が7.2パーセントであれば、

72÷7.2 = 10

約10年で元利の合計が元金の2倍になるということがわかります。

高校生だけでなく、大人でも「あなたの預金（借金）の金利は何パーセントです」といわれても、なかなかピンとこないものです。そんなとき72のルールを知っていれば、イメージしやすいですね。

たとえば、現在（2018年3月）のアメリカの一般的な普通預金は0.1パーセント、ネットバンキングで1.0パーセントといったところです。

年利率0.1パーセントの預金を72のルールで計算してみます。

72÷0.1 = 720

となります。

元金を2倍にするには、720年かかるということです。1.0パーセントのネットバンキングならば、72年で2倍になります。

一方で、日本における大手都市銀行の普通預金について計算してみましょう。今「ゼロ金利」といわれていますが、正しくは0.001パーセントです。

年利率0.001パーセントの預金を72のルールで計算してみます。

72÷0.001 = 72000

となります。

元金を2倍にするには、何と7万2000年もかかるのです。

しかし、今から約20年前の戦後最高といわれた高金利時代には、年利8パーセントを超える元本保証の金融商品が存在していたのです。

8パーセントならば、資産を2倍にするのに10年もかかりません！

　そう考えると、現在がいかに低金利の時代かおわかりになるでしょう。

　だからこそ、「金利0.001パーセント、2倍になるまで7万2000年」という今の現実が頭に入っていれば、仮に「8パーセントの収益をあげますよ！」などという金融商品を勧められたとしても、「そのウラには何があるのか、よほど注意をしてかからなければいけないな」と気づくはずです（そもそも、0.01パーセントと8パーセントに生じる差額を誰が埋め合わせてくれるのでしょうか）。

　ところが、今でもたくさんの人が「8パーセントの収益」などという甘い言葉にコロリとだまされてお金を失う、投資がらみの詐欺事件が跡を断ちません。つまり、世の中には「利息の現実」がわかっていない大人も多いということです。

NOTE

「投資額（円建て）は150万円、750万円、1500万円の計3種類。それぞれ年6パーセント、7パーセント、8パーセントの利回りを保証」などと大口顧客を優遇する宣伝文句で顧客を集めたものの、運用ができずに、顧客資産約1300億円を消失させたニュースが2013年4月、日本社会をにぎわせました。問題の資産運用会社「MRIインターナショナル」（本社・米ネバダ州）は、米国でよく知られた診療報酬請求債権（MARS）ビジネスに投資するという名目でしたが、実態はそれほどの利回りを確保できなかったのです。

また、72 のルールは自分の借金についても同じように使えます。借金の抑止効果もあるのです。

ある金利でお金を借りた場合、そのまま返済せずにいると、何年後に負債が元金の 2 倍になるかを計算できます。

悪名高い消費者金融のグレーゾーン金利の利率は 29.2 パーセントでした。これを 72 のルールに当てはめてみると……

72÷29.2 = 2.465

何と、3 年目には返済額が元金の 2 倍になってしまいます！ちなみに、ようやく 2010 年になって、この利率は見直されました。

また、72 のルールは、新聞やテレビでよく見かける、国の経済成長率などへの応用も可能です。近年では中国、インドが著しい経済成長を遂げていましたが、もし中国やインドの経済成長率が年 7 パーセントとすると、

72÷7 = 10.2857……

となり、約 10 年で国の経済規模（GDP ＝国内総生産）が 2 倍になるということがわかります。この「72 のルール」は経済に詳しい人にとっては常識です。

たとえば、次のようなニュースをよく見かけます。

[ニューデリー 2018 年 2 月 28 日 ロイター] －インド政府が発表した 10 ― 12 月期の国内総生産（GDP）は前年同期比 7.2 パーセント増と、5 四半期ぶりの大きな伸びとなった。
政府支出のほか、製造部門とサービス部門がそろって拡大したことで、インドの成長率は初めて中国（6.8 パーセント）を上回り、世界の主要国として 1 年ぶりの首位に返り咲いた。

この記事は、「10 年後には国の経済規模が 2 倍になる高い成長率なので、安心して投資をしてください」というメッセージなの

です。

　日本のメディアでは「7.2パーセント」がどんな意味を持つのかが紹介されることはほとんどありませんが、この数字の持つ意味を知っている人々にとっては大いに意味のあるメッセージなのです。ちなみに現在の日本の成長率は1〜2パーセント、アメリカは2〜3パーセントです。

NOTE

国内総生産（Gross Domestic Product：GDP）とは1年間に一国内の経済活動で生産された最終商品の価格が、全部でいくらになるかを測った市場価値の総計のこと。国全体の経済規模。前年との変化率を「経済成長率」といいます。

第 1 章 家計の経済学

================ Interest part1 ================

金利〈その1〉
「単利」と「複利」のどちらがトクか

お金を預けるなら必ず「複利」にしよう!

　銀行に預金をしたとき、預入れ期間が長ければ長いほど、多額の利息がつきます。

　金利には「**単利**」と「**複利**」がありますが、どちらを選ぶかによって得られる利息の額が大きく違ってきます。

　利息がどうやって生まれるかを式で表すと、「**元金（元本）× 金利 ＝利息**」となります。

　単利とは、常に預けた元金に対してだけ金利がかかるというものです。たとえば、「年8パーセントの単利」という場合は、1年目は元金の8パーセントが利息になります。2年目も元金の8パーセントが利息になります。3年目も同様に、元金の8パーセントが利息になります。

　一方、複利とは、利息が元金に組み込まれた元利合計に対して常に利息がつく仕組みです。たとえば、「年8パーセントの複利」という場合は、1年目は元金の8パーセントが利息になります。ここまでは単利と同じです。ところが、2年目からは元金に1年目の利息（8パーセント）を加えた元利合計金額に利息がつくようになります。

　つまり、「（元金＋1年目の利息）×金利＝2年目の利息」となります。3年目は、「（元金＋1年目の利息＋2年目の利息）×金利＝3年目の利息」となるのです。このように、前年までの利息は元金に組み込まれて計算されていくので、複利は「利息が利息を生む」と表現される

037

こともあります。

　単利と複利の違いについて、具体的な金額で見てみましょう。たとえば、100万円を年8パーセントの単利で預金したとします。1年後には108万円、2年後には116万円、3年後には124万円、4年目には132万円……となります。つまり、毎年8万円ずつ増えていきます。

　一方、100万円を年8パーセントの複利で預金したとします。すると、1年後には108万円、2年後には116万6400円［108万円+（108万円×8パーセント）］、3年目には125万9712円［116万6400円+（116万6400円×8パーセント）］、4年目には136万488円……4年目で4万円以上も差がついてしまうのです。

　こうした複利のパワーをより知ってもらうために、よく語られるエピソードを紹介しましょう。

　アメリカの中心都市ニューヨーク、その中でも誰もがあこがれる地域がマンハッタン島です。アメリカ経済の中心であるウォール・ストリートもありますし、世界各国から、一旗上げるために人々が集まってくるエネルギーにあふれた街です。

　しかし、今（2018年）から391年前は、大自然の残る未開の土地でした。そして、一部の土地には先住民の人々が住んでいました。

　当時アメリカとの貿易独占権を持っていたオランダ西インド会社は、マンハッタン島を先住民から24ドル相当で買い取ったと一般的にいわれています。ここからマンハッタン島の歴史が始まりました。

　それから391年がすぎて、気がつけば、自由の女神、エンパイア・ステートビル、タイムズ・スクエアができて、マンハッタン島はアメリカ合衆国の大繁栄の象徴となりました。

　歴史に「もし」はありませんが、先住民が24ドルで売らなければ今頃、その子孫はニューヨークの大地主になっていたかもしれません。なんともったいない取引をしてしまったのでしょう。

　それどころか、さらにもったいないことがあります。仮に、原住民が

受け取った24ドルを銀行に預けて複利で運用していたらどうなったのでしょうか。24ドルを8パーセントの複利で391年にわたって運用していれば、なんと5兆ドル（約500兆円）にまで膨れ上がっていたというのです。もしかしたら先住民の子孫は、マンハッタン島の多くの土地を買い戻すことができたかもしれません。

ところが、これが単利で運用されていたとしたら、たった9875ドル（約100万円）にしかなりません。複利だと5兆ドル、単利だと9875ドル、この差がまさに、複利のパワーです。

金融機関によっては単利・複利を選ぶケースがありますが、お金を預ける際には迷わず複利を選びましょう。

■01-01　単利と複利

========== Interest part2 ==========

金利〈その2〉
「月利」と「年利」のトリックにだまされない!

金利のトリック「月利」に注意!

　金利には、単利と複利のほかに **「月利」** と **「年利」** があります。

　通常、金利は「年 1.2 パーセントの複利」などと表現されますが、これは 1 年ごとに元金と前年までの利息の合計額の 1.2 パーセントが利息になるという意味です。この 1 年ごとにつく金利が年利です。

　一方、月利は 1 カ月ごとにつく金利のことです。月利は年利を月数の「12」で割ることで算出できます。ですから、「年 1.2 パーセント」であれば「1.2 パーセント ÷ 12（月）＝ 0.1」ですから、「月 0.1 パーセント」ということになります。

　つまり、月 0.1 パーセントと年 1.2 パーセントは同じ意味なのです。

　パーソナル・ファイナンスの知識がない人にとっては、まったく別の意味に思えるかもしれません。

　仮に、2 つの金融機関があったとして、一方がお金を貸し出す際の金利を「年 1.2 パーセント」といい、もう一方が「月 0.1 パーセント」といっていたとしましょう。

　パーソナル・ファイナンスの知識がない人は、お金を借りるときに、年 1.2 パーセントよりも、月 0.1 パーセントの方が低く感じられる（返済の総額が低く済むと思う）ので、こちらから借り

040

第 1 章　家計の経済学

ようと思うでしょう。

　あるいは、預金金利を「年1.2パーセント」といっている銀行と、「月0.1パーセント」といっている銀行があったとします。このとき、パーソナル・ファイナンスの知識がない人は、年1.2パーセントの方が、月0.1パーセントよりも利息が多くつくように感じて、年1.2パーセントといっている銀行にお金を預けるでしょう。

　こうした人間の心のメカニズムを「**消費者心理**」といいます。実際に、消費者金融業者の中には、この消費者心理を利用して、金利が低く感じられる「月利」表記をしている業者もいます。

　また、銀行でも、たとえば「年1.2パーセントのキャンペーン金利」というようなことを宣伝広告でうたっているところがあります（つまり、月0.1パーセントですね）。確かに、この低金利時代に年利1.2パーセントは魅力的ですが、宣伝広告をよく見てみると、下の方に小さな文字で「キャンペーン金利の適用は当初の3カ月間」などと書かれてたりします。つまり、1年のうちの3カ月分だけ、年利1.2パーセントが適用されるということなのです。

　年利1.2パーセントは月利0.1パーセントですから、「月利0.1パーセント×3カ月＝0.3パーセント」だけ優遇されるということなのです。それ以外の期間は、それぞれの金融機関が設定する、もっと低い金利が適用されます。

　月利と年利の違いを知らないで、金融機関の金利を比較することがどれだけ恐ろしいことかがおわかりいただけるでしょう。

■ 01-02　月利と金利

広告のトリック

年1.2%は月0.1%であり、「キャンペーン金利適用は3カ月のみ」のため、当初の3カ月のみ「月0.1%」でそのあとは通常の金利となってしまう。

年利1.2%と月利0.1%は同じ

年利「1.2%」	月利「0.1%」
毎月の金利は? （年利を12カ月で割る） 1.2% ÷ 12カ月 = **0.1%**	毎月の金利は? **0.1%**
元本×0.1%＝利息	元本×0.1%＝利息

第 1 章　家計の経済学

—————————————————— Interest part3 ——————————————————

金利〈その3〉
「短期金利」と「長期金利」

利息は金融の潤滑油

　利息（元金×金利）は、金融の潤滑油です。

　金融とは、お金が余っている人と足りない人の橋渡しをすることです。お金が足りない人は、元金とともに利息を返済することを約束すれば借りることができますし、手元のお金の余裕がある人は、利息を受け取ることが約束されれば、お金を貸し出すでしょう。これを「**融資**」といいます。

　ここでは、お金を貸す側の銀行と、借りる側の個人や企業の関係について考えてみましょう。金利を受け取る（お金を貸す）側の利息を「**受取利息**」といいます。世の中にはお金を借りたいと思っている融資先（個人や企業などの貸し出し先）がたくさんあるにもかかわらず、その中から自分を選んでお金を貸してくれたことに対する見返りです。この見返り（金利）が高ければ高いほど受取利息が多くなるので、融資したいと思う銀行は増えるでしょう。

　一方、金利を支払う（お金を借りる）側の利息を「**支払利息**」といいます。金利が低ければ低いほど支払利息が少なくなるので、融資を受けたい（お金を借りたい）と思う個人や企業が増えるでしょう。反対に金利が高ければ高いほど、融資を受けたいと思う個人や企業は少なくなるでしょう。

　なるべく高い利息を受け取りたいと思う貸し手と、なるべく低い利息

043

を支払うことで済ませたいと思う借り手との間に生じる溝をいかにして埋めるか（つまり、双方にとって納得のいく金利にするか）は、交渉によって決まります。とはいえ、各取引ごとに一から交渉をしていたら時間がかかってしようがありません。そこで、取引の指標となる金利があります。

　指標とは、「**短期金利**」と「**長期金利**」です。

　短期金利とは、返済あるいは満期までの期間が1年未満の資金を取引する際の金利です。その代表的なものが「**無担保コール翌日物金利**」と呼ばれる、銀行間（インターバンク）で短期資金を貸借する「**コール市場**」の金利です。銀行の中の銀行である中央銀行（日本では「**日本銀行**」）が、この短期金利のレート（数値）を誘導しながら、金融緩和あるいは金融引き締めを行います。中央銀行が自らが決定した金融政策を実施するために、短期金利を上げたり下げたり操作するわけです。

POINT

中央銀行は、市場に出回るお金の量（マネーストック）を調整するなどの手段により金利を調整します。

1. 銀行同士でお金を貸し借りする市場（コール市場）における金利を日本銀行が「誘導目標水準」として決める。

2. 中央銀行が民間の銀行（市中銀行）との間で国債などを売買し、市場へのマネーストック（通貨供給量）を調整する「公開市場操作」。

3. 市中銀行は預金（企業や家計から預かったお金）の一定割合以上を中央銀行に預けることが義務づけられています。この割合を調整することを「法定預金準備率操作」といいます（143ページ）。この中央銀行の口座（の一部）にマイナスの金利をつけることが「マイナス金利」政策です。

第 1 章　家計の経済学

　一方、長期金利とは、返済あるいは満期までの期間が1年以上の資金を取引する際の金利のことです。現在は、10年物国債の「利回り」が基準になっています。政府の借金である国債（という債券）は、一番安定的な（倒産しにくい）投資先です。この長期国債の利子（利回り）が、1年以上にわたるお金の貸し借りの金利の基準となるのです。つまり、政府にどれくらいの金利でお金を貸すかということです。

NOTE

国債とは、道路建設などの公共事業費をまかなったり、税収で足りない部分を補うために政府が発行する借金（債務）の証文のこと。政府は国債を、銀行や外国政府、あるいは個人に購入してもらいます。政府は、購入者に定期的に利子を支払いながら、一定期間ののちに（満期になると）約束した金額（額面金額）を償還します。国債は利子もつく比較的安全な金融商品とされ、中でも10年物国債の利回りは長期金利の代表的な指標とされています。

　長期国債の人気が高ければ、金利をあまり高く設定しなくても購入者は現れます（金利は低い）、反対に人気が低ければ、金利を高く設定して購入者を集めようとします。この長期金利のレート（数値）は、特定の誰かが決めるということではなく、長期国債に対する需給関係で決まりますが、それはさまざまな要因（短期金利、インフレ率、為替レートなど）の影響を受けます。というのも、投資家たちは、5年先、10年先といった長期のことまで考えて、どの投資先で運用すると有利なのかを計算するからです。
　たとえば、アメリカの国債にするか、日本の国債にするか、それともEU（欧州連合）が発行するEU債にするか?

045

日本の景気が将来的に良くなっていくと見込めるのであれば、国債にするか、それとも、（景気が良ければ）国債よりも大きなリターン（収益）を期待できる株式にするか?

　もしかしたら外国企業の株式の方が、さらに大きなリターンを得られるかもしれません。外国政府の国債や外国企業に投資をする場合は、その国の通貨と日本円との「**為替レート**」の影響を受けることになります。

　このように長期金利は、日本国内の景気、アメリカなどの海外主要国の景気、為替レートの影響を受けて変わってきます。

　なお、将来のインフレが予想されるときは、貸し借りの期間が長ければ長いほど、金利は高くなります。貸す側にとっては、その期間が終わるまで貸したお金が戻ってこない、つまりもっと有利な（リターンの高い）投資先が見つかっても投資ができないわけですから、その分の上乗せ金利（**信用プレミアム**）を要求するでしょう。この場合は、長期金利は短期金利よりも高くなります。

金融の基本的なビジネスモデル

　短期金利と長期金利は、その時々の金利の指標となります。

　たとえば、銀行をはじめとする金融機関の基本的なビジネスモデルは**「できるだけ低い金利でお金を借りて、できるだけ高い金利で貸すことで利ざやを稼ぐ」**というものです。

　金融機関は、企業や個人から預金として集めたお金を、ほかの企業や個人に長期で貸し出すことができます。その結果、たとえば預金者の払い戻しに必要な現金が足りなくなったとしても、先ほど紹介したコール市場（銀行間で短期資金を貸し借りし合う市場）から調達して補えばよいのです。

コール市場の代表的な金利が「無担保コール翌日物」です。これは、金融機関が無担保で借りて翌日に返済する際の金利で、中央銀行の金融政策の核となる政策金利です。各金融機関はこれを基準にして、預金者への支払利息の金利を決め、さらにそこに一定の金利を上乗せして、貸し出したお金に対して受け取る利息（受取利息）の金利を決めます。この、支払利息と受取利息の差（利ざや）が銀行の収益となります。

さて、将来のインフレが予想されると、短期金利は低くなり、長期金利（長期国債の金利）は短期金利よりも高くなります。このとき、金融機関はコール市場の短期金利でお金を調達できるので、集めた預金を長期で貸し出したり、長期金利のつく国債を購入して資金を運用していれば、確実に利ざやを得られるのです。

国債は、最も債務不履行のリスクが低い投資先です。何しろ、国家財政が破たんしない限り、確実に償還（返済）されるわけですから。

金融機関が企業や個人に長期にわたってお金を貸し出すときは、長期国債の金利（代表的なものは満期10年の国債の金利）を基準にして貸出金利を決めます。こうして市場には、金融機関が預金として集めたり、コール市場から借り入れたりしたときの金利よりも高い金利で、お金が出回ることになります。

たとえば、住宅ローンには、一定期間ごとに金利が変わる「**変動金利**」と、返済が終わるまで金利が固定されている「**固定金利**」があります。変動金利は短期金利の影響を受けやすく、固定金利は長期金利の影響を受けやすいという特徴があります。このように短期金利と長期金利の動きは、われわれの生活に影響をおよぼします。

■01-03　短期金利と長期金利

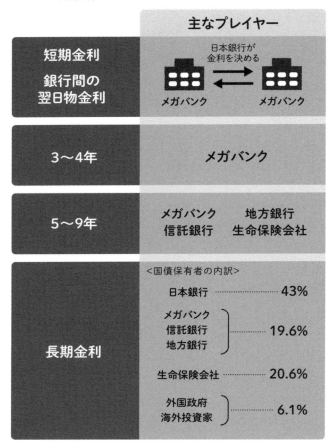

（資料）日本銀行「資金循環統計」2017年国債保有残高

第 1 章　家計の経済学

Interest part4

金利〈その4〉
預金金利とローン金利

お金を借りるときの金利、預けるときの金利

　次に、お金を借りるときの金利を見てみましょう。たとえば、皆さんが
お金を借りる先には、奨学金、日本政策金融公庫からの借り入れ、カー
ドローン、銀行の融資、消費者金融などがあります。また、事業資
金であれば、地域の地方自治体に用意されている創業支援制度など
を利用できるかもしれません。

　一般的に金利は、奨学金1パーセント、住宅ローン（変動金利0.8
パーセント、10年固定金利1.3パーセント）、政策金融公庫2パーセント、
カードローン4.5〜9.8パーセント、消費者金融14〜18パーセントです。

　教育（奨学金）や住宅（住宅ローン）、起業（日本政策金融公庫）
といった政策的な目的がある場合には、貸し手に政府の資本が入っ
ていることもあって、金利は低くなっています。

　こうして見ると、お金を預けるときには、最大でも0.1パーセント（定期）
の金利しかつきませんが、お金を借りるときには奨学金でも1パーセント、
住宅ローンでは0.8パーセント（変動金利）、または1.3パーセント（10
年固定金利）といった金利を払う必要があるのです。

　お金を預けるときには、高い金利の方が望ましい。お金がたくさん貯
まるからです。

　一方、お金を借りるときには、低い金利の方が望ましい。金利が低
ければ、返す金額が少なくて済むからです。

049

これらの金利の基準となる短期金利は、中央銀行がその時々の景気を見て政策決定し、誘導します。景気は物価という形で現れますが、物価が高くなりすぎたら、中央銀行は景気を引き締める（金利を上げる）必要がありますし、物価が低くなりすぎたら、景気を刺激する（金利を下げる）必要があります。

■01-04　預金金利とローン金利

お金を預ける場合

預金金利（年利）

普通預金　　　　0.021%

スーパー定期（300万円未満）
1年	―	0.034%
2年	―	0.036%
3年	―	0.039%
5年	―	0.043%
10年	―	0.111%

MRF　　　　0.086%
※ MRFは海外の債券に投資する

お金を借りる場合

住宅ローン
変動金利　　　0.8%
固定金利（10年）　1.3%

奨学金　　　　1%～

政策金融公庫　　2%～

カードローン　4.5～9.8%

消費者金融　　14～18%

└── 差額が金融機関の利益となる ──┘

第 1 章　家計の経済学

―――――――― Salary ――――――――

給 料
可処分所得の減少に注意!

家計の目的は「幸福の最大化」

　経済学では、皆さんの家庭のことを「**家計**」といいます。家計
の最終的な目標は、「**幸福の最大化**」です。家計は、経済活動を
することで「幸福の最大化」に向かって進むのです。また、個々
の家計が豊かになればなるほど、その社会全体が経済成長してい
るということになります。

　家計の経済活動は、労働と消費（Spending）です。労働する
ことで、その対価として給料（賃金）をもらったり、自営業者の
場合は所得を手に入れます。そして、もらった給料や所得で商品
やサービスを買います（消費します）。このように、家計は社会
全体の経済の中で一役を担っているのです。

　消費とは、生活に必要な衣食住や趣味などにお金を使うことで
す。各家計が消費に使うお金の額は、給料（賃金）や所得に大き
な影響を受けます。原則として消費は、給料や所得を超えること
はありません。超える場合があるとすれば、それは、借金をした
り貯蓄 (Private Saving) を取り崩した場合です。

　また、給料（賃金）や所得は、その金額が全額もらえるわけで
はありません。

　現実には、次の式のように社会保険料や税金が差し引かれるの
で、手元に残るのは「手取り収入」分のお金です。

051

給料（賃金）− 社会保険料 − 税金（源泉徴収）＝ 手取り収入
手取り収入 − 消費（Spending）＝ 貯蓄（Private Saving）

　社会保険料は、健康保険、年金保険、雇用保険、労災保険、介
護保険など、税金は所得税や源泉徴収などです。なお、所得税は、
天引きされる金額と実際に収めるべき税額が異なることがあるの
で、後日、1年分をまとめて精算する手続きがあります。普通の
会社員であれば年末調整で差額を調整します。また、会社員以外
の自営業者や給料以外にも収入がある人、あるいは特定の控除額
（医療費など）がある人などであれば、確定申告（翌年の2〜3月）
をして差額を調整します。

　現在の日本は、少子高齢化が進み、社会保険料は増加傾向にあ
ります。さらに、東日本大震災の復興財源をまかなうための復興
増税（所得税は2013年1月から25年間、所得税率に2.1パーセ
ントの上乗せをすることが決まっている）もあり、報酬（給料、
賃金）の金額が変わらなければ、手取り収入は減る一方です。

　手取り収入が減れば減るほど、消費に使えるお金が減ります。
消費が減ることで企業の売り上げも減り、経済活動が鈍くなり、
経済成長が低くなっていくのです。経済成長するためには、"で
きるだけ"市場にお金を回す必要があります。

　つまり、個人の手取り収入を増やす必要があるのですが、これ
は企業や家計の役割というよりも政府の役割です（第4章で詳し
く解説します）。

第 1 章　家計の経済学

■01-05　可処分所得

収入 = 可処分所得 + 非消費支出
（消費＋貯蓄）　　　（社会保険料＋所得税）

簡単に言うと……

手取り収入＝給料−社会保険料−所得税

労働者と会社側が
半分ずつ負担！
労使折半

- **健康保険**…医療サービスの保険
- **介護保険**…介護サービスの保険（40歳から発生する）
- **年金保険**…老後の生活保障
- **雇用保険**…失業時の一定の生活保障

会社側が全額負担 —— **労災保険**…業務災害、通勤災害時の保険

===== Labor =====

労働
労働市場が賃金の額を決める

労働も商品の一種

さらに、賃金について考えてみましょう。

読者の皆さんは、賃金はそう簡単に上がらないと思っている方が多いかもしれませんね。たいていのアルバイトは時給や日給ですし、勤め人は固定給で手取り収入はなかなか上がりませんし。

しかし、本来、賃金は労働という商品の価格なので、「**労働市場**」での需要と供給によって決まります。労働は、希少性のある経済学の生産要素の1つですから、効率的に配分されることが求められます。

> **NOTE**
>
> 「市場（しじょう）」は、経済学に特有の考え方です。魚市場や生鮮市場の市場（いちば）とはまったく別のものです。経済学における市場とは、需要（買いたい）と供給（売りたい）が、価格という条件に基づいて取引成立（均衡）する概念上の場のことです。市場は労働市場以外にも、自動車市場、アイスクリーム市場といった個々の商品（モノ）の市場や、株式市場、為替市場、債券市場といった金融商品の市場があります。

賃金は労働力の需要と供給で決まる

賃金の変動は、需要曲線と供給曲線の関係により説明できます。

図01-06のように、縦軸が賃金、横軸が雇用量を表します。賃金をシグナルにして、需要と供給が変化します。

右上がりの「**労働供給曲線**」は、労働者（労働の売り手＝家計）の気持ちを表しています。賃金が高くなれば、働く意欲がわき、より多くの賃金を得るために労働量の供給量が増えます。反対に、賃金が低くなれば、やる気がなくなり、労働の供給量は減ります。

右下がりの「**労働需要曲線**」は、企業（労働の買い手）の気持ちを表しています。企業は、賃金が高くなればリストラをするなどして雇用を減らし、賃金が安くなれば雇用を増やそうとします。

そして、労働者と企業の気持ちが重なる点（均衡点）が、実際の賃金の額ということになります。

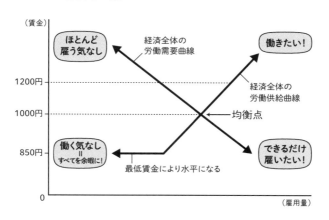

■01-06　労働市場の均衡

もちろん現実には、両者の気持ちはそう簡単には重なりません。労働者によっては、自分の仕事が好きで誇りを持って働いている人や、家族を養う必要があるので自分に不向きな仕事であっても働かざるを得ないという人もいます。こういう人たちは、賃金が安くなる（労働の価値が低くなる）傾向にあるときであろうとも、働き続けるでしょう。

　とはいえ、賃金が安くなるにも限界があります。

　もし生活を維持できるだけの額の賃金がもらえないのであれば、労働者は、ほかの企業、またはほかの業種に転職せざるを得ないでしょう。ただ、転職先がすぐに見つかるとは限りません。また、世の中が不景気で将来が不確かな時期だったりしたら、家族を養っているような人は、そう簡単に現在の職を捨てるわけにはいかないでしょう。

　こうした理由から、労働者は団結して、労働組合などを作って、賃下げに抵抗をするようになったのです。現代では、多くの国で労働者が団結して雇用主と交渉する権利が認められています。その結果、（物価変動を考慮に入れない）名目賃金は下がりにくくなりました。これを「**名目賃金の下方硬直性**」といいます。

　また、国は「**最低賃金法**」を設けて、時間給の下限を定めています（日本では、東京都の 958 円が最高額）。そのため、ある水準以下の部分では供給曲線の一部が水平となり、あるところから右上がりとなるのです。

　労働者の中には、「お金をたくさん稼げなくてもいいので、あくせく働きたくない」とか、「仕事をするよりも、自由な時間（経済学では「**余暇**」といいます）を大事にしたい」と考える人もたくさんいるでしょう。1 日 24 時間という時間の使い方において、労働と余暇はトレードオフの関係にあります。この関係を左右するのは、賃金と個々人のライフスタイルです。たとえば、より多

くの賃金がもらえるのであれば、余暇ではなく労働を選ぶという人もいるし、反対に、お金はある程度もらえれば十分なので、労働よりも余暇を楽しみたいという人だっているでしょう。あるいは、生活に不自由するほど賃金が少ないというのであれば、余暇を楽しむどころではなく、もっと働かなければならないといったこともあり得るでしょう。

また、労働需要曲線と労働供給曲線はともに前提条件が変われば、左右にシフトします。たとえば、世の中に働きたいという人が増えれば労働供給曲線は右側に移動します（均衡点における賃金は低下します）。反対に、働きたいという人が減れば労働供給曲線は左側に移動します（均衡点における賃金は上昇します）。

あるいは、労働者を求める企業が増えれば、労働需要曲線は右側に移動します（均衡点における賃金は上昇します）。労働者を求める企業が減れば労働需要曲線は左側に移動します（均衡点における賃金は低下します）。

■01-07　労働曲線のシフト

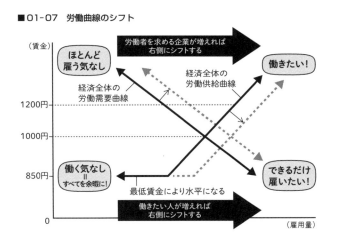

景気が良ければ、企業はより多くの労働者を求めるので、労働需要曲線は右側に移動します（均衡点における賃金は上昇します）。雇用量が増えて経済活動が活発化するなど、いいことばかりです。ただし、賃金が高くなるにつれて、働きたい人もどんどん増えていきます。働きたい人が増えれば、労働供給曲線は右側に移動します（均衡点における賃金は低下します）。このために、最終的に賃金は一定の水準に落ち着くというわけです。もちろん、物価が一定のまま賃金が高くなれば、家計もたくさんの消費をするようになり、家計の最終的な目標である「幸福の最大化」と社会全体の経済成長が、同時に実現に近づくという喜ばしい状況になります。

人的資本を高めよう

　最近では、家計の最終的な目標である「幸福の最大化」と、社会全体の経済成長が同時に成立しないケースが増えています。2008年のリーマン・ショックをきっかけにした世界的な大停滞以後の世界です。

　2008年以後の世界的な大停滞によって、労働需要曲線が大きく減少してしまったのです。労働者を求める企業が減れば、労働需要曲線は左側に移動します（賃金は低下します）。

　その後、景気が回復しても、労働需要曲線は元に戻りません。大きく減少したままなのです。

　これは世界的な現象です。IT化が進んだり、将来の景気見通しが良くないせいで、雇用を増やす企業が少なくなってしまったのです。

　また、経済のグローバル化が進み、先進国の企業は、人件費の

安い海外の新興国や発展途上国に生産の拠点を移し、このために先進国の労働者の仕事が減っているのです。

企業は新しい生産用の機械は買うけれども、新しく労働者を雇おうとはしていない。多くの労働者が、テクノロジーとの競争に負けているのです。人間の側のスキルや組織制度が、技術の進化から取り残されてしまったのです。

つまり、グローバル化（資本移動の自由）とテクノロジーの進歩の２つが失業者を生み出しているのです。

人間が加速するテクノロジーの進歩に取り残されないようにするためには、どうしたらいいのでしょうか。まず、起業家の役割が期待されます。発想力と実行力を兼ね備えた起業家が、新しいビジネスを生み出し、雇用を作り出すのです。

これと同時に、人的資本への投資が欠かせないものになるでしょう。人的資本とは、知識やスキルを身につけて、生産性を高められるようになった人間の能力のことです。日本では、最近は、「人材」あるいは「人財」という言葉で表わされることが多いようです。

社会に必要とされる人的資本を獲得するためには、まずは自らに投資することが必要になってきます。具体的には、今後社会が必要とするような知識やスキルを探し出し、それを習得することが必要になってきます。

もちろん、これは学校教育に限らず、さまざまな知識・スキルに合わせた習得の機会が必要です。先ほど労働と自由な時間（余暇）はトレードオフの関係にあるといいましたが、もしあなたが社会に必要とされる人材になりたいのであれば、余暇を楽しむだけではなく、自らの「教育・訓練」に投資する時間を費やすべきです。そして、将来的に大きなリターンを得ることを目指すべきなのです。

第 2 章

企業の経済学

人々を満足させることで利益を得る

Company

企業

最終目標は「利益の最大化」

企業とは何か

　企業とは、生産要素を人間の欲望を満足させる商品に変えて、消費者（家計）に提供する存在です。

　ここでいう生産要素とは、商品を作るのに利用される労働（人的資源）、土地、資本（財）のことです。

　労働とは、商品の生産・販売などに従事する労働者の能力のことです。人的資源の質は、教育・訓練・健康への投資などを通じて向上させることができます。

　土地は、人間の介在なしに、初めから自然界に存在しているものです。

　資本（財）とは、商品を作るために生産され、使用される機械・設備や原材料のことです。

　しかし、これまでに説明したように、これら生産要素の量には限界（希少性）があるのでした。

　すべての人々の物質的な欲求と、その欲求を満たすために使える資源の量との差（ギャップ）がある限り、経済的な問題（Economic Problem）は、存在し続けます。

　この経済的な問題を調整するのが企業の役割です。

　そのため、経済学では、経済主体の2つ目として、「家計」に次いで、「企業」が挙げられています。

062

第 2 章　企業の経済学

　企業は商品を作り、販売し、消費者の欲望に応えるのです。また、企業の経済活動の最終的な目標である「**利益の最大化**」に向かって経営は行なわれるのです。

　中でも、商品を作るために、さまざまな生産要素を「独創的に」組み合わせて商品を提供する人々のことを「**起業家**」と呼びます。

　ここで、商品の話もしておきましょう。商品は経済学では、「財・サービス」と呼びます。このような抽象的な言葉にしているのは、さまざまな商品・サービスをひとまとめにするためです。一般には耳慣れない言葉なので、本書では皆さんがイメージをしやすい「商品」という言葉を使います。

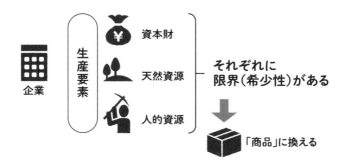

■02-01　企業とは何か

企業は「**消費者の欲望に応える**」そして
最終的な目標である「**利益の最大化**」に向かう

Entrepreneur

起業家
経済を活性化させる欠かせない存在

起業家とは何か

世の中にはたくさんの企業があります。もちろん、これらは大昔から自然に存在しているわけではありません。過去のどこかで、誰かが起業家（Entrepreneur）となって立ち上げた（起業した）ものです。

新しいビジネスを立ち上げて、商品を開発・提供したり、人々に賃金や雇用の機会を提供したりするというのが起業家の役割です

もちろん、誰もが起業家になれるわけではありません。

ほかの人が見逃している機会（ビジネス・チャンス）を認識できる人物で、統率力や勇気などを持って、人が躊躇していることに対してでも行動を起こせる人物でなければなりません。

起業家は、ほかの人にとっては混乱、矛盾、混沌しか見られないものの中にビジネスのチャンスを見出す力が必要なのです。

起業家は、社会にとって必要な存在です。

アメリカでは、1987年から1992年にかけて多くの大企業で大規模なリストラが断行されました。合計で約230万人の仕事が失われました。ただ、リストラされた230万人の労働者が路頭に迷ったのかといえば、そんなことはありませんでした。

というのも、受け皿として約580万人分の新規雇用があったからです。これは起業家を中心とした中小企業が生み出した雇用です。

このように起業家は、失業者の受け皿にもなる、将来の経済成長の

担い手なのです。第1章でも紹介したように、経済学では、商品を生み出すのに必要な4つの要素——労働、土地、資本（財）、起業家の能力——を「**生産要素**」といいます。「起業家」は、この4つの生産要素の中に入るほどに、経済においては重要な存在なのです。

このためにCEE（アメリカ経済教育協議会）では、高校生までの間に起業家教育を施すことが必要だと考えるようになりました。

そもそもアメリカでは、小学生のときからおこづかいを稼ぐためにレモネードを売る、中学生や高校生がクラブの試合や合宿に行くためにドーナツを売ったり、洗車（Car Wash）をするなどしていて、ビジネスをすることに抵抗がありません。

起業家のインセンティブ

起業家は重要な存在です。ビジネスができるスキル、ノウハウ、アイデアだけがあっても、企業は成り立ちません。企業の目的は「利益の最大化」であると同時に、できる限り長期間存続することが求められています。たとえば、学生ならば、学園祭で1年に1度、屋台でたこ焼きを作って売るようなことはできるでしょう。でも学園祭が終わったとたん、従業員やお客さんが離れていくために、存続ができませんよね。なので、これはビジネスではありますが、「起業」ではないのです。

しかも起業家というものは、大きなリスクを背負う宿命にあります。なぜなら、起業すると同時に、さまざまな費用がかかるからです。

通常、企業は消費者に商品を購入してもらって、代金を受け取ることで社員の給料を払ったり、設備投資をしたりします。しかし、生まれたばかりの会社は消費者が商品を購入する前の時点で、商品を供給するために労働や資本などの生産要素を利用してお金を使っています。要は、利益が発生する前に先行投資をするわけです。

さらに、今まで世の中になかった新しい商品を作って売ろうという場合には、リスクはさらに高くなります。なぜなら、消費者がその商品に対してどのように反応するか、実際に市場に出してみないとわからないからです。

　どのように売れるかわからない、ひょっとしたらまったく売れないかもしれないのに、商品を用意しなければならないという大変なリスクです。

　このようなリスクを引き受けてまで、起業するのは、失敗のリスクを背負う見返りとして大きな報酬を得ようという、インセンティブ（経済的誘因）があるからです。

　起業家（企業経営者）にとっては、利益（利潤）が重要なインセンティブとなっています。一労働者として働いても得ることのできない大きな金額の利益は、金銭的なプラス（正）のインセンティブであり、起業することの大きな魅力になるのです。実際、アマゾンを起業したジェフ・ベゾス氏は、2018年の世界長者番付で1位に輝きました。

　しかも、起業家にとってのインセンティブは、金銭的なインセンティブだけではありません。社長になれる機会、世の中に業績を認められる機会、さらには新製品や改良品を作ることの満足感などのインセンティブもあります。

　一方で、マイナス（負）のインセンティブもあります。たとえば、経営に失敗した場合には損失をこうむります。ただし、時として、この損失がプラスのインセンティブとして働くこともあります。つまり、「これまでのやり方で損失が出たのだから、やり方を変えてもっとうまく経営しよう」という、一種の反面教師的なインセンティブとなるのです。

　このほか、起業家のマイナスのインセンティブとしては、責任の重さによるプレッシャー、早朝から深夜におよぶ激務、事業経営にまつわるさまざまなストレスなどが挙げられるでしょう。

　起業家になる際には、こうしたマイナスのインセンティブをできるだけ少なくした上で起業をしたいものです

経営学とは何か

　現在アメリカでは、企業とともに起業家教育を行っている高校があるほどです。地元の企業経営者が協力して、高校生に起業について考えさせる機会を与えているのです。

　そのコースでは、学生はセミナーを受講したのち、起業計画を作成し、地元の企業経営者たちの前でプレゼンテーションをします。このプレゼンテーションの際に、計画が優れていると判断されて、起業資金を出そうという企業経営者が実際に現れることがあるといいます。

　また、中には経済学だけでなく、経営学まで教える高校もあります。「ビジネスクラス」といわれるその授業では、起業家になったつもりで事業計画を立てたり、地元の企業経営者とともに仕事をしたりする経験を得られるカリキュラムが組まれています。

　自分のビジネスマンとしての可能性を高校時代に知ることで、早い段階から社会に出る準備ができるということでしょう。こうした授業を受けて、起業に興味を持った学生は、大学に進学して経営学を専攻し、自分の経営スタイルを確立し、磨くのだそうです。

　経営学で重要なことは、「マネジメント」「マーケティング」「経営戦略」「ファイナンス」の4点です。これらをバランスよく行わなければ、企業の目的である「利益の最大化」にたどり着けないどころか、事実上、企業を存続させることができないのです。

　マネジメントとは、企業内部の従業員との関係を中心に企業の存続を考えます。

　マーケティングとは、企業外部の顧客との関係を中心に企業の存続を考えます。

　経営戦略とは、企業外部の競争相手との関係を中心に企業の存続を考えます。

　そして、4つの中で特に重要なのがファイナンスです。企業は自ら用

意した資本（資金）に加えて、銀行などの金融機関から資本を融通してもらって、活動を活発にさせるのです。金融機関の金利は企業の経営に大きな影響を与えます。低金利ならば、企業はなるべくたくさんのお金を借りようとするでしょうし、高金利ならば、企業はあまりお金を借りようとはしないでしょう。

　なお、資本とは、商品を生み出すのに必要な４つの生産要素のうちの１つですが、工場・機械・設備などのほかに、生産に必要なお金（資金）も指します。これらを所有している人を資本家というのです。企業がスタートする際には、資本家が自ら起業家となって経営を始めることもありますし、資金が足りない起業家が、資本家（これが組織化されたのが「ベンチャー・キャピタル」）や金融機関から出資や融資を受ける（お金を借りる）ことで経営を始めることもあります。

POINT

○経営学の大きな４本柱

1. マネジメント……組織内部をどうするか。たとえば「従業員のみんなに喜んで働いてもらうにはどうしたらいいか」といったこと。（代表的な学者：Ｐ・Ｆ・ドラッカー）

2. マーケティング……顧客との関係をどうするか。たとえば「お客さんはどんな商品を欲しがっているのか」といったこと。市場調査・商圏分析・ＰＲ。（代表的な学者：Ｐ・コトラー）

3. 経営戦略……競争相手との関係をどうするか。たとえば、「ライバルとの差別化をするために高価格／低価格戦略のどちらをとるか」といったことなど。（代表的な学者：Ｍ・Ｅ・ポーター）

4. ファイナンス……事業資金をどう調達するか。たとえば「お店を始めるときにお金はどうやって用意したらいいか」といったことや財務・決算など。

第 2 章　企業の経済学

■02-02　経営学の4本柱

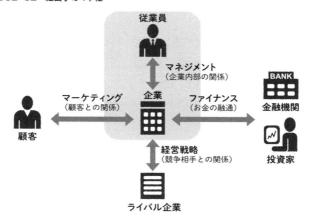

Financing and Investment

融資と投資

企業は常にお金を必要としている

融資と投資の違い

　ここまでで「**融資**」と「**投資**」という 2 つの言葉が出てきましたが、両者には次のような違いがあります。

　融資（Financing）とは、ビジネスが成功しても失敗しても、企業は融資してくれた金融機関（銀行など）に元金プラス利息を返済することになります。必ず返さなければいけない借金です。

　投資（Investment）とは、ビジネスが成功したときには、企業から出資者へのリターン（収益配分、分け前）が大きくなり、反対に失敗したときには出資者へのリターンが少なくなるという、必ずしも返す必要のない借金です。企業が倒産してしまった場合、リターンはゼロになります。

　また投資には、次の 2 種類があります。1 つは企業が資本財（工場・機械・設備）を用意するという意味での投資（**設備投資**）です。もう 1 つは、株式や債券、FX（外国為替証拠金取引）、不動産などでお金を運用するという意味での投資です。皆さんが投資という場合には、後者の意味で使うことの方が多いでしょう。

　企業は、事業の継続や新規事業の立ち上げのために金融機関から融資を受けます。また、株式会社の場合には、融資のほかに、株式（株主の権利）と引き換えに、手持ちの資金に余裕のある人たちから出資を受けることもあります。

企業が借金をすることと家計が借金をすることは、意味が違います。家計の場合は、借金をすることが許されるのは極めて限られた場合です。住宅ローンや自動車ローンなど、生活に必要だが一度に代金を支払えない高額な商品を購入する場合には借金をすることになります。しかし、日々の生活費に関しては、毎月の収入の中でやりくりしなければなりません。

一方、企業の場合は、誰かから融資を受ける（借金をする）ことで、動き出します。融資を受けても、その元本の返済と利息の支払い以上にお金を稼ぐことができれば、企業活動は順調といえるのです。企業の決算書の１つ「**バランスシート（貸借対照表）**」に「負債」という項目があることからも、企業は借金をするのが前提ということがわかります。

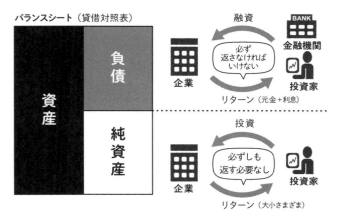

■02-03　融資と投資

Stock

株式

会社の経営権を少しずつ売って資金を調達する

「公開会社」と「非公開会社」

企業の事業資金（設備資金や運転資金）の出どころは銀行からだけではありません。

たとえば、家族や親戚、支援してくれる企業や実業家など、応援してくれる人たちからお金を融通してもらうこともあるでしょう。

家族や親戚以外は赤の他人ですから、いきなり多額のお金を貸してくれることは現実的にはあり得ません。そんなときに、多くの人から少しずつお金を出してもらう方法があります。それが「**株式**」という方法です。

資金を小口に分けた株式を発行し、多くの人に少しずつ買ってもらい、資金を募るという方法です。そのお金（出資金）を元手に事業をするのです。

NOTE

> 企業が事業資金を金融機関（銀行など）から借りることを「間接金融」といい、株式を発行して出資者から直接資金を調達することを「直接金融」といいます。

NOTE

> 発行株式数や1株当たりの価格は、企業ごとに異なります。

このような形で資金を調達することのできる会社を「**株式会社**」といいます。資金（資本）を出した人を「**出資者**」といい、出資した見返りに株式を持つことから「**株主**」ともいわれます。企業が利益を出したら、持っている株式の比率に応じて「**配当金**」がもらえる仕組みです。企業にとって、この「資本」は返さなくていいお金です。また、株主は株式をお金に換えたければ、株式を欲しいという人に売るか、「**株式市場**」で売ってしまえばいいのです。

　株式市場で売買できるのは上場されている「**公開会社**」の株式だけです。それ以外は、個別に売買しますが、上場されていない「**非公開会社**」の株式は売買することが制限（「**譲渡制限**」といいます）されているのが一般的です。

　このように、お金を出してもらった人全員を株主にしてしまうのです。

　株主には、経営に参加する権利があります。株式会社の最高意思決定機関である「株主総会」に出席して、会社の業績、経営方針、役員人事といった重要事項に関して決議（保有株式数をもとにした多数決）に参加するのです。

　本来は、株式を保有している人（出資した人）全員が会社の所有者であり、経営者にもなれます。仮に、株主以外の別の経営者がいたとしても、それは株主たちがその経営者に会社の経営を任せているにすぎません。

　このため、多くの株主が同意したり、過半数または3分の2以上の株式を持つ株主が会社の経営に不満を持った場合には、経営方針を変えさせたり、経営者を交代させることができます。社長がクビになることもあり得るのです。経営者は、多数の株式を所有する株主の指示には逆らえません。

　経営者はお金を出してもらった人を株主にはしますが、一定の割合以上を持たせないようにする必要があるのです。そのために経営者は、親しくて信頼できる人や企業に多くの株式を保有してもらったり、同じグ

ループに属する会社同士でお互いの株式を持ち合うなどして、自社の経営方針に批判的な株主が増えないようにすることがあります。

> **NOTE**
>
> 株主は、会社が儲かったときに配当金をもらえるだけでなく、もし、会社の業績が悪くなったり、倒産したりしたときでも自分が出資したお金以上の責任は負わなくていいというメリットがあります。これを「有限責任」といいます。お金に余裕のある人にとっては、さまざまな会社の株式を買って(投資して)、比較的低いリスクで、利益を得るチャンスを追求できます。

■02-04 公開会社と非公開会社

第 2 章　企業の経済学

―――――― Bond ――――――

債　券
出資者に必ず返さなければならない資金調達方法

債券発行者は定期的に利息を払う

　先ほども説明した通り、企業には、株式の購入者（出資者）に対する返済義務はありません。その代わりに株主は、「この株式はいらない」と思ったら、それを株式市場で売ることができます。

　公開会社の株式の売買は、証券会社を通じて行われます。

　新聞やテレビのニュースで株式という場合は、ほとんどが公開会社の株式を指します。株式市場での取引価格（株価）が高い株式は、資産になります。

　業績が良い会社は高い配当金がもらえるため、取引価格は上がっていく傾向にあります（通常、公開時よりも高くなります）。反対に、業績の悪い会社の株式は、配当金がゼロの可能性が高く、取引価格は下がる傾向にあります。

　みんなが欲しがる株は株価が上がり、業績が下がるかもしれない企業の株価は、みんなが敬遠するので、価値が下がっていくということです。

　ただし、株式市場では企業の業績だけでなく、今後の成長可能性（新しい技術を開発したとか、大手企業と共同開発をすることになったなど）や輸出入動向など、さまざまな要因が重なって、株式の取引価格が決まります。

　大きな株式会社は、株式のほかに「**社債**」という債券を発行し

075

て資金を調達することができます。

　簡単にいえば、会社の借金の1つです。

　何年後かに返済するという約束（証書）をもとに、多くの人から小口の借金をして、資金を集めるのです。債券は原則として、買った人は、発行時に決められた利息を定期的に受け取り、満期日には発行時に約束された金額（額面金額）を償還（払い戻し）されます。

　利息額と償還額はあらかじめ決まっています。債券は、債券市場で取引され、価格は債券市場での取引の状況に応じて変動します。これは、株式と同じですね。

　債券も、株式と同様にお金を大々的に集めるための方法ですが、起業したばかりの新しい企業は小規模で、信用度も低いため発行条件をクリアできません。

　また、民間企業の場合は、いくら規模が大きくても倒産の可能性があります。倒産したら、もらえるはずのお金（額面金額＋利息）のうち、いくらが取り戻せるかはわからなくなります。これが、企業の「**信用リスク**」です。

NOTE

各国の政府が発行する債券が「国債」です。これは政府の借金であるため、倒産するという信用リスク（債務不履行リスク）はかなり低いといえるでしょう。このために、一般的には社債よりも人気が高いのです。国債は、長期間ののち（たとえば、5年後や10年後）に満期になります。利息が定期的に支払われた上に、満期時には額面金額が償還されるのです。国債については、「第4章　政府の経済学」で詳しく説明します。

第 2 章　企業の経済学

> **POINT**
>
> ○株式と社債（債券）の違い
>
> 株式……償還義務がない。企業としては、調達資金を必ずしも返済しなくてもよいという利点がある。株式市場で売買され、経営状態や景気に応じて株価が変動する。
>
> 社債（債券）……償還期間が決まっており、企業としては、払い戻しの資金繰りを考える必要がある。債券市場で売買され、経営状態や景気に応じて債券価格が変動する。

■02-05　株式と債券

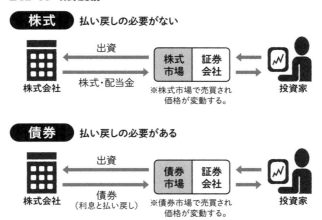

Accounting

決算書
会社の業績がわかる"通信簿"

「バランスシート」と「損益計算書」

　ここで簡単に、企業の１年の流れを紹介しましょう。企業は永遠に存続することを前提に活動しますが、１年ごとに区切りがあります。これを「**事業年度**」といいます。何月で区切るかは企業の設立をする発起人が設立時に決めなければいけません。

　事業年度ごとに、企業はその期間の事業の成績を「**決算書**」にまとめます。

　決算書を見れば、企業の資産と採算（儲かっているのかいないのか）がわかります。「**バランスシート（貸借対照表：BS）**」では、資産や負債がどれくらいあるのかがわかります。「**損益計算書(P/L)**」では、事業の採算がとれているのかどうかがわかります。

　バランスシートは資金調達の源泉、すなわち誰にお金を出してもらったか、あるいは誰にお金を返さなくてはならないかということを右側（「**貸方**」といいます）に、その資金の運用形態、すなわちお金を何に使ったかを左側（「**借方**」といいます）に記入します。

　このために、右側と左側のそれぞれの合計が一致します。

　さらに右側は、返済が必要な部分（負債）とそうでない部分（純資産）とに分かれます。左側は資産と呼び、企業が所有する財産を表します。このように貸借対照表は、資産、負債、純資産の３

つからなり、「資産＝負債＋純資産」という貸借対照表等式が成り立つのです。

損益計算書は収益と費用に分かれます。1会計期間に属するすべての収益と、これに対応するすべての費用とを記載します。収益と費用の差として利益がわかります。

企業に融資をした金融機関や投資をした株主などは、その企業の決算書を熱心に見るでしょう。また、これから融資をしようとする金融機関や投資をしようとする資本家、投資家にとっては判断の目安となります。

小さな企業の決算書は、たいてい自社で作成します。それに対して大きな企業は、監査法人などの公認会計士のチェックを受けて、作成します。

■ 02-06　決算書

バランスシート（貸借対照表）

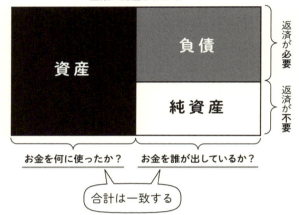

損益計算書

1会計期間の収益と費用の差額が利益になる
（収益 − 費用）

第 2 章　企業の経済学

—————————————————————— Ｐｒｏｆｉｔ ——————————————————————

利 益
どうすれば「利益の最大化」を達成できるのか

「収益」と「利益」の違い

　企業の経済活動の最大の目標は「**利益（利潤）の最大化**」です。自分や家族が勤めている企業の利益について、ある程度は知っておきたいものです。たとえば、その会社は利益をどれくらい出しているのでしょうか。

　利益といっても、年商は、利益は、年収は、それぞれどれくらいなのでしょうか。

「**年商**」とは、その会社に１年間に入ってくるお金のことで、「収益」「売上げ」「売上高」といわれます。

　年商（収益）から、年商を得るために要した費用（原価＋経費）を差し引くと、「**営業利益**」が出ます。通常、年商の 10 〜 20 パーセントに当たる額が営業利益になるといわれています。

　通常、「会社の利益」といった場合は、営業利益を指します。

　また、「年収」とは、個人が１年間に稼ぐ収入のことです。

　年商と利益と年収の関係を式で表すと、次のようになります。

年商（収益・売上高）−費用（原価＋経費）＝利益（営業利益）
※経費の中に社員の人件費（年収）が含まれます。

　年商（収益・売上高）が一番大きな金額になります。仮に費用

081

が年商を上回ってしまうと、その企業は「赤字」になります。黒字なのか赤字なのかは、損益計算書で見ることができます。

ある会社の社長が「うちは1000万円」といっても、「年商1000万円」であれば個人事業主（たとえば、自分が経営者であると同時に社員は自分1人というパターン）レベルですし、「営業利益1000万円」であれば売上高5000万円〜1億円程度の企業でしょう。「年収1000万円」の場合は、自分で年収を決められる個人事業主から大企業の社員までさまざまでしょう。

第1章では、皆さんの家庭のことを経済学では家計と呼び、家計の最終的な目標は「幸福の最大化」であるといいました。第2章では企業について考えていますが、企業の最終的な目標は「利益（利潤）の最大化」です。

企業は経済活動をすることで最終的な目標である「利益の最大化」に向かって進むのです。また、個々の企業が経済成長をすればするほど、経済全体も成長することになります。

■02-07　「年商」「利益」「年収」の関係

利益の式

年商（収益・売上高）　−　費用（原価＋経費）

＝利益

※ 経費の中に社員の**年収**も含まれる。
※ 利益の部分に税金（法人税）がかかる。

第 2 章　企業の経済学

Sales

収益
どうすれば売り上げを増やせるのか

利益と収益・費用の関係

　企業が利益を最大化するためにはどのようにしたらいいのでしょうか。

　まずは、収益（売上高・年商）を増やす必要があります。

　収益は、次のような式で表すことができます。

収益＝平均客単価 × 総客数

　1人のお客さんが、平均してどれだけお金を払うか。これを「**平均客単価**」といいます。また、1年間に何人のお客さんがくるか、これが**回転率**（総客数）です。何人のお客さんがきて、彼らがそれぞれいくら使うか、その合計が収益になるのです。

　収益を増やすためには、平均客単価と総客数のどちらかを増やす、あるいは両方を増やすことが必要です。

　これらは、どうやって増やしたらいいのでしょうか。客単価を増やすためには付加価値（魅力）を高めて、より多くのお金を払ってもらうことが必要です。総客数を増やすために、より多くお客さんに来店してもらう（あるいは自社商品を買ってもらう）ことを考えないといけません。

083

さて先ほどもいいましたが、利益を出すためには、もう1つ重要な要素がありました。**費用（製造原価＋経費）**です。

収益（売上高・年商）−費用（製造原価＋経費）＝利益（営業利益）

この式からわかるように、利益を増やすためには、収益を増やすか、費用を減らすかの2つの方法があるのです。たとえば、世の中が不景気になると、企業が従業員の人数を減らしたり、給料を削減したりするのは、収益が変わらなくても費用が減れば利益が出るからなのです。

■02-08　収益と利益

収益の式

客単価 × 回転率 ＝ 収益
（総客数）

収益を⬆させるためには客単価か回転率のいずれか、
もしくは両方を⬆させる必要がある。

利益の式

💰収益⬆ − 👤費用⬇ ＝ 利益⬆

利益を⬆させるためには、収益を⬆させるか、
費用を⬇させるか、もしくはその両方を行う必要がある。

第 2 章　企業の経済学

Start a Business

ビジネスを立ち上げる
どのような分野で戦うべきか

消費者と競争相手がどれくらいいるか

　起業家や企業経営者は、成功するために、どのようなビジネスを展開すべきかを考えなければなりません。

　とはいえ、成功するためのアイデアはそう簡単に思い浮かぶものでもありません。いくら統率力や勇気があっても、これまでとは異なる新しい事業を立ち上げることはなかなか難しいでしょう。まずは、今あるビジネスの中から、あなたが手軽に始められそうなものがあるかを考えてみましょう。たとえば、次の5つのビジネスなら、どれが参入・展開しやすいでしょうか。

> 1. カップラーメンを製造・販売するビジネス
> 2. スポーツシューズを製造・販売するビジネス
> 3. 誘導ミサイルを製造・販売するビジネス
> 4. 電力を製造・販売するビジネス
> 5. 機関車を製造・販売するビジネス

　まずは、それぞれの生産者と消費者の数がどれだけいるかを考えてみましょう。

1のカップラーメンには多くの消費者がいて、すでに多くの会社が製造・販売しています。また、最初から大量生産しなければいけないので、それなりの設備投資や流通ルートの確保が必要です。かなり多額の開業資金を用意しないと参入しにくいでしょう。

2のスポーツシューズも多くの消費者と競争相手の会社が存在しています。ですが、常に新しいデザインが求められている市場です。やり方次第では、それなりの値段をつけることもできるでしょう。比較的参入しやすいですね。

3の電力の製造・販売事業は政府の規制が厳しく、事業者は一部の大企業に制限されています。というのも、電気は人間の生活に欠かせない上に、大規模な設備を整えた上で安定供給をする必要があるからです。再生可能エネルギーのような特殊なケースを除いて、新規に参入できる可能性はほぼゼロです。

4の誘導ミサイルは軍事利用されるものなので、買い手が少なく、製造者も少ない非常に限られた市場になっています。もちろん、莫大な開発費、高度な技術力、政府との信頼のできるルートなどが必要です。新規参入できる可能性はゼロでしょう。

5の機関車を製造・販売するビジネスは今後も一定程度は必要とされるでしょうが、すでにこれまでやってきている業者がいます。また、機関車を必要とする鉄道会社の数も限られています。これも手軽には始められない上、始めたとしても、先行する企業を押しのけて自社製品を売るのに苦労することは明らかです。

そう考えると、この5つの中であなたが始めるとしたら、スポーツシューズの製造・販売ビジネスが最も妥当でしょう。

しかし、ここで新規参入しやすいという点からだけで業種を選んで本当にいいのかと考える必要もあります。というのも、参入しやすい分、競争相手も多いからです。売り手同士の間で熾烈な競争があることが予想されます。

品質、顧客サービス、デザインとその多様性、広告宣伝を通じたアピールなど、さまざまな面で競争をすることになります。

たとえば、ある地域にファストフード・レストランが何軒かあるとします。その中で値段が高い上においしくなくて、店員が無愛想なファストフード・レストランがあったとして、この店はもっと低価格でおいしい料理をより良いサービスで提供する競争相手にお客さんを奪われるでしょう。

競争の結果として、「値段が高い上にサービスが遅くて無愛想な」ファストフード・レストランは、「値段は手ごろで、サービスはテキパキ、店員の感じもいい」ファストフード・レストランへと変わるはずです。もし変わらなければ、残念ながら閉店することになるでしょう。

企業は、常に自分の利益を追求する存在です。

しかし、そこに活発な企業間の競争が存在する限り、つまり、買い手（消費者）の行動（より安く、より良い品質のモノ・サービスを求める）によって企業の経営は左右されるため、結果として国民全体の生活レベルが向上することになります。

つまり競争は、すべての売り手（供給者）に対して「できる限り安い費用で、より高い品質の商品を、消費者に提供する」ように強いるのです。これを経済学では**「生産性の向上」**といいます。

個々の企業の生産性が向上することで、国全体の経済成長も促進されます。さらに、現在だけでなく、将来世代の生活レベルも向上するのです。

ライバルをいかに出し抜くか

これまで見てきたように、ビジネスには、始めやすいビジネス

とそうでないビジネスがあることがわかります。先ほど例に挙げた機関車ビジネスの市場は、実際には競争は少なくなっています。機関車を必要とする鉄道会社が少ないからです。

　ここ10年間、アメリカでは、機関車を新規に製造する企業はありませんでした。その代わりに、スポーツシューズやスポーツウェアを製造する市場に参入した企業はたくさんありました（今もあります）。

　このことから、機関車の買い手よりもスポーツシューズの買い手がずっと多いことはおわかりいただけるでしょう。

　スポーツシューズ市場は活発です。スポーツシューズは日用品なので、作って売りたい人も欲しい人もたくさんいます。

　もし、あなたが「スポーツシューズを製造・販売するビジネス（スポーツシューズ・メーカー）を始めよう」と考えたとしましょう。スポーツシューズは需要も多いですし、デザインや売り方などの工夫次第で、小さいメーカーでもヒットを狙えます。

　しかし、その一方で参入が簡単であるため、すでにたくさんのメーカーがいて、競争が激しいのです。あなたがスポーツシューズ業界に参入をするということは、今まで見てきたような競争に参加するということです。

　しかし、中には価格競争に巻き込まれないスポーツシューズもあります。有名アスリートが使用したのと同じモデルのスポーツシューズや、有名ブランドのスポーツシューズ、若者や特定の人々に人気のあるデザインのスポーツシューズなどです。こうしたほかのスポーツシューズと差別化ができている商品は、価格競争には巻き込まれないのです。なぜなら、ほかに作れる会社がなくて、欲しい人はたくさんいるわけですから。

　このように、いかにライバル商品と差別化できるのかが、起業家としての腕の見せどころということになります。

第 2 章　企業の経済学

—————————————————— Price ——————————————————

価 格
モノの値段はどう決まるのか

商品は市場で配分される

　それほど特色のないスポーツシューズが1足5万円という値段で売られても、明らかに供給過剰の状態になります。

　一般的に、商品は市場に出ることで、買い手が「買いたい」と思えるような価格設定に誘導されます。「スポーツシューズが欲しい」という買い手と「スポーツシューズを売りたい」という売り手の双方が希望する価格が一致するとき、つまりお互いが納得する価格になったときに取引が成立します。

　これが市場のメカニズムです。

　買い手（消費者）と売り手（企業）が出会い、互いに取引をしようとするとき、そこに市場ができます。また、消費者と企業が相互に影響し合うことによって市場価格が自然に決まり、これによって希少な（数に限りのある）商品が配分されることになります。

　このとき市場に出回っている商品の価格と量によっては、供給不足や供給過剰が生じることがあります。

　供給不足のときは、売られている商品の量（供給量）より、買い手の買いたい量（需要量）が多いので、商品の価格は上がります。

　たとえば、漁業が不漁だと魚の価格が上がるいったケースです。

089

反対に供給過剰のときは、買い手の買いたい量（需要量）よりも売られている商品の量（供給量）が多いので、価格は下がります。たとえば、農産物が豊作だと安くなるといったケースです。

　取引をする前に、企業と消費者は、それぞれ売りたい価格、買いたい価格をある程度想定しています。市場では、この価格をもとに取引が始まります。そして最終的には、買い手と売り手の価格をめぐるキャッチボールによって、需要量と供給量が一致するところで価格は落ち着くのです。

　これとは反対に、価格自体が商品の供給不足や供給過剰をもたらすことがあります。しかし、このときも、「なるべく高く売りたい」企業と、「なるべく安く買いたい」消費者のお互いが納得のいく価格に、最終的には落ち着きます。

　この企業と消費者のお互いが納得のいく価格のことを、経済学では「**均衡価格**」といいます。

　言い換えれば、均衡価格とは、ある商品の市場において、その取引が成立するときの価格です。

　企業が売りたいと思っている価格が均衡価格よりも高いときは、買い手の需要量が少ないため、価格はだんだん均衡価格まで下がります。価格が下がっている間、商品は市場に余った状態（供給過剰）にあります。

　反対に、企業が売りたいと思っている価格が均衡価格よりも安いときは、買い手の需要量が多いため、価格はだんだん均衡価格まで上がります。価格が上がる間、商品は市場で足りない状態（供給不足）にあります。

■02-09 市場メカニズム

●スポーツシューズの市場メカニズム

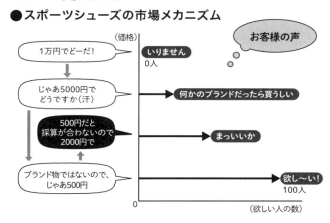

●スポーツシューズの市場メカニズム・お客の声を経済学の言葉にすると

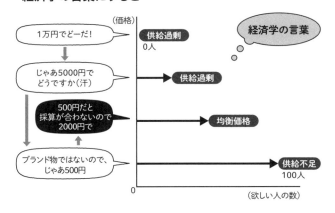

価格というインセンティブ

　市場メカニズムにおける価格は、買い手と売り手の双方にインセンティブ（経済的誘因）となるシグナルを送ります。

　この価格のインセンティブを、買い手である消費者の側から見てみましょう。消費者にとって、価格が上下することのシグナルはどのようなインセンティブとなるでしょうか。

　仮に、ある商品の価格が上昇したとします。

　売り手（企業）にとっては、生産量や販売量を増やすインセンティブが働きます。なぜなら価格が高いときに、たくさん作って売れば儲かりますから。

　買い手（消費者）にとっては、価格が上がるにつれて、購入する量を減らそうというマイナスのインセンティブが働きます。

　たとえば、原油価格が上がったときのことを考えてみましょう。原油価格高騰の影響でガソリンの値段が上がれば、多くの人々はなるべくクルマに乗らないように、ほかの方法（電車や自転車での移動）を考えますよね。同時に、クルマを新たに買うとか、買い替えるといった需要も減ります。

　つまり、ある商品（財・サービス）の価格が上がると、消費者はその商品をあまり買わなくなり、他方で、その商品と同じように使える別の安い商品を探すようになります。

　この場合は、ガソリン代が上がり、クルマに乗ることのコストが上がった。そのため、クルマの代わりの移動手段として電車、バス、自転車などを選ぶ人が増えて、結果としてクルマに対する需要の減少が引き起こされたのです。

　電車、バス、自転車による移動という（クルマとは）別の商品のことを、経済学では「代替財」といいます。

　反対に、ある商品の価格が下がった場合を考えてみましょう。

価格が下がるにつれて、売り手（企業）にとっては、生産量や販売量を減らそうというマイナスのインセンティブが働きます。なぜなら価格が安く、売っても利益が低い商品は、儲からないからです。ただし、技術が進歩して生産性が上がったり、安価な原料が入手できて、安く売れるようになった場合は、利益が見込める範囲内で値段を下げて、増産するでしょう。

このとき買い手（消費者）には、商品の価格が下がるにつれて、もっと購入しようというインセンティブが働きます。

さらに、面白いことに、この安くなった商品に先ほど説明した代替財としての価値を見出す消費者も現れます。それまで、ほかの商品を購入していた人々が、この安くなった商品が代替財になるということを知ると、需要量の増加が引き起されるのです。

たとえば、石油の代わりになるシェールガスが採掘され、それが石油よりも安い価格で市場で売られたらどうなるでしょうか。

多くの消費者は、喜んで石油からシェールガスに乗り換えるでしょう。シェールガスの需要量が増加します。

これを「**代替効果**」といいます。

また、ある商品の価格が変わらなくても、家計の所得が変化するとその商品の購入量が変化するということがあります。価格が変わらないのに、所得が増えるのに応じて需要量が増えるのです（ぜいたく品などがこれに当たります）。反対に、所得が減れば、それに応じて需要量も減ります。これを「**所得効果**」といいます。

こうした代替効果、所得効果は「**需要の変化**」として知られています。もし、代替効果や所得効果がなければ、市場経済では、価格だけが生産者（企業）と消費者（家計）の意思決定に影響を及ぼし、その意思決定によって生産要素は配分されるのです。

Demand and Supply

「需要」と「供給」

値段と量は買い手と売り手の気持ちで変わる

価格に応じて欲しい人の数が変わる

　ある商品に対する需要量は価格により変化します（これは需要曲線〈後述〉の線上の移動で表されます）。

　対して、消費者の「**所得の変化**」「**嗜好の変化**」、消費者人口の増減といった「**市場の変化**」は、（需要量ではなく）需要そのものを変化させます（これは需要曲線のシフトで表されます）。

　需要の変化を、スポーツシューズを例に考えてみましょう。ある会社が 1000 足のスポーツシューズを生産したとします。10 代の若者が好みそうなデザインの製品で、価格も若者が購入しやすいと思われる 5000 円に設定しました。このときに次の 3 つの場合において、需要がどのように変化するかを考えてみましょう。

1.10 代の若者のこづかいが 2 倍になった。

2. 同じような若者向けのスポーツシューズを作っている会社の広告宣伝活動が活発化した結果、若者が同種のデザインのスポーツシューズを好んではくようになった。

3. そもそも若者向けに作られたスポーツシューズが、大人たちの間で人気商品になった。

「1.10代の若者のこづかいが2倍になった」は、「所得の変化」です。若者の購入意欲が増し、需要が高まりそうです。若者たちの財布に余裕が出てくるのですから、もしかしたらスポーツシューズの価格を上げることができるかもしれません。

「2.同じような若者向けのスポーツシューズを作っている会社の広告宣伝活動が活発化した結果、若者がスポーツシューズを好んではくようになった」は、「嗜好の変化」を起こす原因となります。（1社または複数の会社の）活発な広告宣伝活動が若者の嗜好に影響を与え、スポーツシューズ需要（人気）が高まると思われます。この場合も、商品の供給量に対して買い手の需要量が増えるため、価格を上げられるかもしれません。1000足が売り切れる可能性もあります。もちろん、広告宣伝活動を展開している会社のスポーツシューズの供給量が増えるためです。

「3.そもそも若者向けに作られたスポーツシューズが、大人たちの間で人気商品になった」は、「市場の変化」です。大人の間で若者向けスポーツシューズの需要（人気）が高まり、欲しい人が増えます。これまでの消費者（若者）に新たな消費者（大人）が加わって、スポーツシューズ市場の消費者数が増えました。大人は若者よりも使えるお金に余裕があるでしょうから、価格を上げることができそうです。

このように、さまざまな要因が需要に影響を与えるのです。

ここで、経済学で最も有名な「**需要曲線**」にも触れておきましょう。これまでスポーツシューズの話を需要曲線で表すと97ページの図02-10〈上〉のようになります。正常な需要曲線は右下がりです。縦軸が価格、横軸が需要量です。

右下がりになるのは、価格が高くなればなるほど需要量はゼロに近づき、安くなればなるほど需要量が増えるということです。いってみれば、買い手（消費者）の気持ちをグラフで表現したわ

けですね。

　通常、商品の価格が高いと、人々の購入意欲はそがれます。あまりに高すぎるようだと、購入する人はいなくなるためゼロになります。

　反対に、価格が低いと、人々の購買意欲は活発になるとともに、それまでその商品を買ったことがなかった人も買うようになります。そのため必要とされる商品の量が増えるのです。

売り手の気持ちも価格を左右する

　右下がりの需要曲線に対して、「**供給曲線**」というものがあります（図02-10〈下〉）。これは、売る側（企業）の気持ちをグラフで表しています。縦軸が価格、横軸が供給量です。

　供給曲線は、通常右上がりになります。というのも、価格が高くなれば、供給する側は、供給量を増やしたくなるからです。

　さて、スポーツシューズ1足の価格は、若者にも手ごろな5000円です。これがもし1万円でも売れるとなったら、利益が大きくなるのですから、企業はなるべくたくさん売りたいと思い、どんどん作ります。また、新しい企業もスポーツシューズ市場に参入してきて、これまで以上に厳しい競争が始まるでしょう。

　商品の価格が高いとき、生産者からの供給量は増大する。これは「**供給の法則**」といわれるものです。

■ 02-10 需要曲線と供給曲線〈その1〉

● **需要曲線**（「曲線」といいながらも真っ直ぐ）

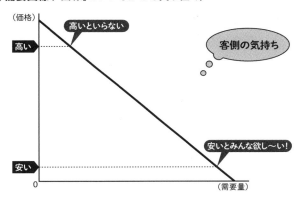

● **供給曲線**

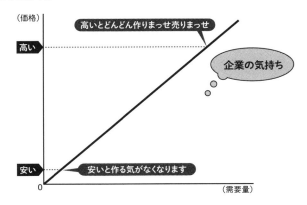

　先ほどは価格が需要量にどのような影響を与えるかを見ましたが、価格は供給者にもインセンティブのシグナルを与えます。
　そのシグナルとは、どんなものでしょうか。
　まず、ある商品（財・サービス）の価格が上がると、その供給

量は増加します。

　たとえば、スポーツシューズの価格には、製造原価としての原材料費や従業員への支払い（人件費）、さらには光熱費や減価償却費（工場・機械・設備の使用にともなうその価値の減耗分）などの費用に加えて、企業の利益（利潤）が含まれています。

価格＝原材料費＋人件費＋諸経費＋利益（利潤）

　価格が上がると、「原材料費＋人件費＋諸経費」（費用）が一定ならば、利益（利潤）が増えます。すると、企業はさらに利益を追求して、より多くの労働者を雇って供給量を増やすでしょう。

　それまで、スポーツシューズの価格5000円の内訳が次の式で表されたとします。

価格（5000円）＝原材料費（2500円）＋人件費・諸経費（2000円）＋利益（500円）

　ここで、スポーツシューズの価格が5000円から5500円に上がったとすれば、原材料費（2500円）と人件費・諸経費（2000円）は同じですから、次のようになります。

価格（5500円）＝原材料費（2500円）＋人件費・諸経費（2000円）＋利益（1000円）

　利益が500円から1000円に増えました。この増えた利益の一部を、労働者への賃金（人件費）という加工費用の上乗せに回すこともできるでしょう。労働者にとっては、労働に対するプラスのインセンティブと、供給に対するプラスのインセンティブとい

う２つのインセンティブが発生するというわけです。つまり、スポーツシューズが売れれば売れるほど、賃金も上がるわけですから、みんな張り切って働くでしょう。

反対に、スポーツシューズの価格が下がった場合はどうでしょうか。

再び価格5000円の内訳を見てみましょう。

価格（5000円）＝原材料費（2500円）＋人件費・諸経費（2000円）＋利益（500円）

スポーツシューズの価格が5000円から4500円に下がったとすれば、原材料費（2500円）と人件費・諸経費（2000円）の合計と同じですから、利益はゼロになってしまいますよね。利益が出ないのであれば、このスポーツシューズ・メーカーは生産をやめた方が賢明です。もし生産をやめたくなければ、なんとか利益を確保しなければなりません。原材料費か人件費・諸経費のいずれか、またはその両方を削ることで、利益を捻出できないかと考えるべきでしょう。

仮に、原材料費（2500円）と人件費・諸経費（2000円）の両方から250円ずつカットしたら、スポーツシューズの価格4500円の内訳はどうなるでしょうか。

価格（4500円）＝原材料費（2250円）＋人件費・諸経費（1750円）＋利益（500円）

価格5000円のときと同じ500円の利益を得られます。

ただし、こうするためには、原材料を今までよりも安く納入してくれる業者を探すか質を落とす、あるいは労働者の賃金（人件

費）を下げるか人数を減らす必要があります。

　この場合、労働者にとっては、労働と供給の双方に対するマイナスのインセンティブが発生するでしょう。なぜなら、今までと同じように働いても賃金が減るのですから、当然やる気が落ちます。

　このように、価格の低下は、供給量の減少を引き起こします。

　また、商品の供給が変化する理由は、価格の変化だけではありません。ほかには、企業における「**生産費用の変化**」「**技術の変化**」、市場における「**売り手（競合他社）の数の変化**」などがあります。

　たとえば、スポーツシューズ・メーカーで、次の３つのような変化が起きた場合、供給量と市場価格はどのように変化をするでしょうか？

---

1. 労働者に支払う賃金が上がった。
2. 生産ラインの作業ロボットが増えて、以前より効率的に生産
　 できるようになった。
3. 輸入スポーツシューズの数量が増えた。

　まず、「1. 労働者に支払う賃金が上がった」場合から見ていきましょう。スポーツシューズの価格が5000円として、その内訳が次の式で表せたとします。

価格（5000円）＝原材料費（2500円）＋人件費・諸経費（2000円）＋利益（500円）

　このとき、人件費・諸経費（2000円）が250円上がって、

2250円になるとどうなるでしょうか？

原材料費（2500円）＋人件費・諸経費（2250円）＋利益（500円）＝価格（5250円）

単純に合計すると、5250円になってしまいます。
このときに企業には、2つの選択肢があります。

〈A案〉スポーツシューズの価格を5000円から5250円に上げる。
〈B案〉スポーツシューズの価格はそのままで、原材料費の価格か利潤のいずれかを削る。

A案の値上げは、あまり得策ではなさそうですね。
B案の「原材料費の価格か利潤のいずれかを削る」が良さそうです。とはいえ、原材料費の価格を下げるのも、そう簡単ではなさそうです。となると、利益を現在の500円から250円に下げるということになります。このとき、供給量がそのままだと当然利潤も半分に減ったままですから、企業は供給量を増やして、売上げ（収益）を伸ばすことで、減った利益の分を取り戻そうと考えます。
これとは反対に、前述の「2.生産ラインの作業ロボットが増えて、以前より効率的に生産できるようになった」場合は、労働者の数を減らせる（人件費が下がる）ので、同じ供給量のままでも利益は増えます（ここでは説明の便宜上、ロボットの購入費用については無視します）。

たとえば、ロボットを導入することで人件費が500円下がるとしたら、スポーツシューズの価格5000円の内訳は次のようになります。

価格（5000円）＝原材料費（2500円）＋人件費・諸経費（1500円）＋利益（1000円）

　価格はそのままで、利益が500円増えました。
　もしかしたら、企業は新たに増えた利益のうち、いくらかを減らして、そのぶん価格を下げるかもしれません。つまり、安くすることで、消費者の購買意欲を刺激するわけです。
　最後に、「3. 輸入スポーツシューズの数量が増えた」場合を考えてみましょう。この場合は、売り手間の競争が激しくなり、どの企業も自社製品に対する消費者の購買意欲を刺激しようとするために、安さ勝負の価格競争が起きるでしょう。つまり、スポーツシューズ全体の市場価格が下がります。

需要曲線と供給曲線の読み方

　このような買い手（消費者）と売り手（企業）の気持ちを重ね合わせる（双方が納得する価格になる）と、需要曲線と供給曲線の均衡点（均衡価格）が浮かび上がります。
　需要曲線と供給曲線のグラフでは、価格を縦軸、数量を横軸にとり、縦軸（価格）をもとに横軸（数量）を見ます。つまり、まず価格を決めることで、数量（需要量と供給量）が決まる、すなわち数量は価格に従って決まるということです。
　この特殊な見方には注意してください。ふだん私たちが日常生

活でよく目にするグラフは、たいてい横軸の変化に対して縦軸がどう変化するかを見るようになっています。そのため、経済学に初めて接する人はこのような特殊な見方にとまどいを覚えるかもしれません。

なぜ、需要曲線と供給曲線がこんな見方になるのかというと、経済学では「慣例」により、価格を独立変数、数量を従属変数として取り扱うからです

需要曲線と供給曲線の両者が一致するところが均衡点となり、そこにおける価格（縦軸）が「**均衡価格**」となります。また、均衡点における数量（横軸）は「**均衡数量**」と呼ばれます。

経済学では、消費者（全員）が買いたい数量である需要量と、（すべての）企業が売りたい数量である供給量が均衡点において一致することで、売買が成立して、取引が行われると考えるのです。

再びスポーツシューズを例に説明しましょう。

需要側（消費者）は価格が安くなるほど、欲しい人が増える、つまり需要量が増えます。反対に、価格が高くなるほど、欲しい人は減る、つまり需要量は減ります。このため、需要曲線は右下がりになるのです。

一方、供給側（企業）は、価格が安くなるほど、利潤が少ないので、売る気がなくなります（供給量が減る）。つまり、先ほど説明したマイナスのインセンティブが働くわけです。反対に価格が高くなるほど、どんどん作って、どんどん売りたくなります（供給量が増える）。このため、供給曲線は右上がりになるのです。

この需要量と供給量が落ち着くところが均衡点で、ここでのスポーツシューズの場合は価格5000円となるのです。もちろん、夏か冬かという季節の影響を受けたり、どんなデザイン、ブランドなのかといったことで、均衡点は変わってきます。

こうした価格の変化によって、買い手（消費者）と売り手（企

業）は自分たちの購入や販売に関する意思決定を調整することになります。

■ 02-11 需要曲線と供給曲線〈その2〉

● 需要・供給曲線

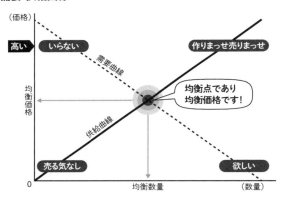

● 需要・供給曲線

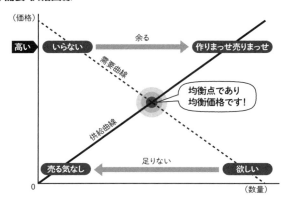

先ほど、企業の目的は「利益の最大化」だといいました。しかし、実際に価格を決める主導権を持つのは消費者です。というのも、いくら企業が商品を売ろうとがんばっても、消費者が「そんな値段なら買わない」といえばそれまでだからです。

このため、経営者は市場での価格をもとに、効率的な供給、つまり利益を最大化できるように供給することを考えるのです。

企業が最大利潤を得られるように生産を行うには、どうしたらいいでしょうか。言い換えれば、企業が労働者とほかの生産要素を最適な数量で利用するためにはどうしたらいいのでしょうか。企業経営者は、常にこのことを考えなければなりません。商品をどれくらいのコストで作ればいいのか、あるいは商品の生産量を増やすのか、減らすのかといったことを選択しなければならないのです（効率的な選択）。

基本的に企業ができることは、次の式における、原材料費、人件費、諸経費の部分の調整です。

原材料費＋人件費＋諸経費＋利潤＝消費者の希望する価格

仮に、「原材料費＋人件費＋諸経費＋利潤」のうちで人件費が多くを占めているのであれば、商品を必要な数量生産するには労働者は何人必要なのかを慎重に考えなければなりません。

たとえば、スポーツシューズの製造・販売業ならば、労働者1人を雇う費用と、スポーツシューズを売ることで得られる収入を比較します。さらにもう1人雇っても、利潤は得られるか、さらにもう1人雇っても……このように利潤を最大化するために、どれだけの労働者を雇えばよいか（効率的なのか）を決定する必要があるのです。

第3章

金融の経済学

あなたの「利息」は、あなたの「信用」で決まる

====== Finance ======

金融

利息が仲介する経済活動

預金は銀行の借金

　今、あなたの手元にまとまった現金があるとします。使う予定がなければ、そのまま手元に持っているよりは、どこか安全なところに保管しておきたいと考えますよね。なぜなら、財布や金庫に入れておくと、紛失したり、盗まれたりするリスクがありますから。

　また、現金をただ手元で遊ばせておくよりは、誰かに貸して利息をもらった方がいいですよね。

> **NOTE**
>
> 利息とは元金（借りたお金）に金利をかけたもので、「元金×金利＝利息」という式で表せます。

　家計（一般家庭）のお金は、「消費する（財・サービスを購入する）」か、「利息を条件に誰かにお金を貸す」かのトレードオフ関係にあるといえるでしょう。

　多くの家計（一般家庭）は銀行に預金口座を開いて、今すぐ使う必要のないお金を預金します。第1章で説明したように、これは銀行にお金を貸しているということになります。

時間と利息はトレードオフの関係にある

　次に、銀行からお金を借りる側について考えてみましょう。

　仮に、起業するためにある程度まとまったお金が必要だという人がいたとします。この場合、一生懸命に働いてこつこつお金を貯めてから事業を始めるという方法ももちろんアリですが、普通に働いて起業できるだけのお金を貯まるのを待っていったら、かなり時間がかかってしまうでしょう。もしかしたら、起業のタイミングを逃してしまうかもしれません。

　たとえば、自分と同年代の若者に似合うスポーツシューズを作って売りたいと考えている高校生がいたとします。この高校生が何年もかけて起業資金をこつこつ貯めている間に、お客さんになるはずだった同年代の若者たちはとっくに大人になってしまい、彼らの関心はスポーツシューズよりも高級なクツに移ってしまうでしょう。また、自分自身のセンスも高校生のときとは大きく変わってしまうでしょう。

　つまり、ビジネスを始めるには、適切なタイミングがあるということです。このため、多くの起業家は起業にかかる資金を集める時間をなるべく短くしようとするのです。多くの起業家は、利息がつくにもかかわらず銀行からお金を借りて、とりあえず起業してしまい、あとから返済することを選ぶのです。

　これはいわば、時間と利息のどちらをとるかというトレードオフです。

　すぐに事業を始めたければ、スタートまでの時間を短くするために、先にお金を借りてしまい、あとから利息をつけて返済しますし、もし、利息を払いたくなければ、スタートが遅くなっても時間をかけてお金を貯める、ということになります。

　この場合、利息は、起業するまでの時間を短縮する代わりに支

払うコストと考えられるでしょう。

家計・企業と銀行の関係

　家計は余ったお金を、利息（預金利子）をつけてくれる銀行に預金します。

　ただし、銀行に預金してもリスクはあります。銀行が経営破たんにおちいって、預金の引き出し（返済）ができなくなる可能性はゼロではないということです。とはいえ、最近では金融の安定のために、「**預金保護（ペイオフ）**」が重要視されており、仮に銀行が破たんしても一定額（1000 万円＋利息）までは保護されるようになっています。そのため、リスクは低いといえますが、しょせん銀行も一民間企業にすぎません。一歩経営を誤れば、いつ返済不能におちいってもおかしくないということは、覚えておく必要があります。

　ところで、銀行は預金者に払う利息（**預金利子**）をどうやって用意するのでしょうか。

　銀行は家計や企業から預かったお金を、別の家計や企業に貸しつけて、利息を取って稼いでいます。たとえば、家計は住宅や自動車のような高額な買い物をするときに銀行にお金を借りますし、企業は設備投資のための資金を銀行から借ります。いずれの場合も、銀行から借りたお金は利息をつけて返すことは、皆さんもご存じの通りです。

　家計→利息→銀行→利息→企業や家計

　このように銀行は、お金を貸したい人と借りたい人の間に立っ

第3章　金融の経済学

て、仲介をするのです。銀行は、経済学的には「**金融仲介機関**」といわれます。

　銀行は、家計からお金を借りる（預金を受け入れる）ときには利息を安く設定して、自分が企業やほかの家計に貸す（融資する）ときには利息を高く設定します。この利息の差額（利ざや）が銀行の利益になります。

家計→利息→銀行→利息＋銀行の利益→企業やほかの家計

　このため、家計や企業が銀行からお金を借りる際には、銀行の利益がプラスされた（預金金利よりも高い）利息で借りることになります。

　世の中には、利息が多少高くても、今すぐにお金が必要なので借りるという人々がいます。銀行は、こうした人々にお金を貸しつけることで、利益を得ているというわけです。

　こうしたお金の貸し借りの関係を「**金融**」といいます。

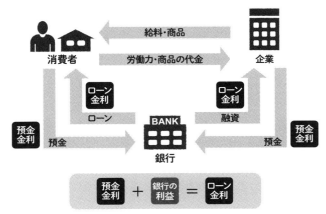

■03-01　金融における銀行と消費者・企業の関係

Credit

信用
あなたの信用で融資額が決まる

ローンは慎重に組もう

　家計や企業は、往々にして、大きな額のお金が必要になるときがあります。

　たとえば、自動車や住宅の購入、子どもの進学のための教育費などは、多くの家庭では一度に支払うことができないので、銀行でローンを組んでまかないます。

　ローンとは、必要なお金を銀行に立て替えてもらい、自分の支払える範囲内の金額で長期間（数年から数10年）にわたって少しずつ返済する仕組みです。もちろん利息がつきます。

　ローンの返済総額は、元金（最初に借りたお金）と利息の合計額です。

　利息は「元金×金利」で表せますから、金利が高ければ、借り手の負担が増えます。反対に、金利が低ければ、借り手の負担は軽減します。

　また、返済期間が長い方が毎月の返済額は少なくて済む反面、借りている期間は常に利息がつくため、利息の総額が増えて、元金と合わせた返済総額は増えてしまいます。ローンを組むときは、こうした返済期間と利息の兼ね合いを考えて、自分にとって有利な支払い期間と毎月の返済額を考える必要があるでしょう。

　ところで、銀行でローンを組むことができる人は限られていま

す。

　たとえば、普通、高校生はローンを組むことができません。

　なぜでしょうか。

　ローンの貸し手は、返済（弁済）が確実に行われることを望んでいます。

　銀行は、返済されないリスクがあると判断した個人や会社にお金を貸そうとはしません。また、貸したとしても、自分がリスクに耐える代償として、融資額は低くなりますし、金利も高くなります。

　もし、すでに多額の借金をしていたり、安定した収入がないといったり、リスクが極めて高い個人に対しては、銀行は貸しつけを拒むことがしばしばあります。また、銀行ごとに個別の審査基準があります。たとえば、大手都市銀行であれば審査は厳しいですし、新しくできた銀行や規模の小さい銀行、あるいは消費者金融などは審査が比較的ゆるやかです。

　ローン取引は、そもそも、貸し手と借り手の両者の合意によって自発的に行われるものです。どちらか一方がノーといえば、取引は成立しないのです。

貸し手の判断基準「3C」

　銀行は、お金を貸す際に何を基準にリスクを判断（借り手を審査）するのでしょうか。

　よく「信用」とか「担保」といわれますが、ここではわかりやすい例としてアメリカの金融機関が採用する「**3C**」という基準を紹介しましょう。

　3Cとは、借り手に約束通りお金を返済する意思があるか（**人**

格＝ Character）、返済能力（Capacity）があるか、あるいは担保(Collateral)があるかということを表します。アメリカでは、銀行の融資担当者は、借り手にこの3Cがあるかどうかを見てから、ローン取引の是非を判断するべきだといわれています。ちなみに、担保とは、返済ができなくなったときにお金の代わりに提供できる不動産や有価証券などの財産のことです。

POINT

お金を借りる人の「信用」は、3つのCで表される。

人格（Character）

返済能力（Capacity）

担保（Collateral）

3Cをチェックして十分な信用がある人には、低い金利で貸してくれる銀行はたくさん現れるでしょう。

反対に、信用がなければ、高い利息を払わなければなりません。

では、高校生がローンを組めるかを考えてみましょう。まずは、最初のCの人格をクリアできたとします。しかし、ここがクリアできても、2つ目のCの返済能力でアウトでしょう。たとえば、「アルバイトをして返します」という話は親に通じても、残念ながら銀行には通じません。

さらに、3つ目のCである担保までなんとか通過できたとします。通過できたとしても、銀行はリスクが高いと考えるでしょう。

リスクの高い貸しつけほど、返済不能になる可能性が高いので、金利は高くなります。つまり、借り手側の信用によって金利は大きく変わってくるのです。

あまりにもリスクが高い場合、お金を貸してくれるのは、銀行

ではなく、クレジット会社や消費者ローンなどいわゆる「**ノンバ
ンク**」です。こうしたノンバンクは信用審査のハードルが低い分、
金利が高いのです。

　信用を調査するために、「**個人信用情報機関**」があります。

　個人信用情報機関とは、金融業界によって設立された共同利用
機関で、金融業界に情報提供をします。

　クレジットや消費者ローンの利用者の支払い（返済）がきちん
と行われているかについて過去の記録を保管し、顧客がクレジッ
トやローンを利用する際に、クレジット会社、銀行、消費者金融
会社などに情報を提供します。

リスクと利息

　ここでは、企業と銀行の関係を見てみましょう。企業も家計と
同様に、銀行にお金を預けたり、お金を借りたりします。

　企業の場合は、貯蓄口座（普通口座）ではなく、当座預金の口
座を開きます。当座預金口座では、現金での取引以外にも小切手
や手形を使った取引ができます。口座に入っているお金の範囲内
で支払いなどができるのです。ただし、普通預金と違って利息が
つきません。

　ビジネスを起業するには、利益が入ってくる前に、商品や材料
の仕入れ代金（設備資金）や事務所の運営費用（家賃や人件費な
どの運転資金）など、さまざまな出費があります。起業家はこの
資金を用意しなくてはいけません。

　それまでに貯めた自己資金を使うことはもちろん、お金に余裕
のあるほかの企業や実業家、あるいは家族や親戚から貸してもら
うという手もあります。ただ、これだけでは必要な額に足りない

場合がほとんどでしょう。

　このために、企業も利息の上乗せを条件とした融資を受けるのです。

　銀行から融資を受けるとき、もちろん銀行は起業家のビジネスの内容を審査します。これは、家計がお金を借りる際の3C（Character、Capacity、Collateral）と同じようなものです。ただし、家計に対する審査がそれまでの信用が中心だったのに対して、企業の場合は、将来の（成長の）可能性を重点的に審査されます。

　企業は、どのような仕組みで利益を出していくかというビジネスモデルを説明し、数年先までの収支を予測した事業計画書などを提出します。銀行は、その企業の信用（事業の将来性、返済能力や担保）を審査し、リスクが低いと判断したらお金を貸します（融資をします）。このように、企業が銀行から事業資金を借りることを「**間接金融**」といいます。多くの企業や家計が銀行に預けたお金を、銀行を通じて借りるので「間接」というわけです。

　ただし、家計や企業には借りられるお金の額に限度があります。

　たとえば、土地担保の価値以上の資金を借りることができないというような限度があるのです。いくら信用があっても、通常は土地評価額の70パーセントを目安に融資額を設定します。これを「**信用制約**」といいます。

　また、先に紹介した「スポーツシューズのメーカーを始めたい高校生」のような起業家などは、そもそも信用がありませんから、審査のハードルは高く、信用制約も高くなります。銀行は長期の貸しつけはリスクが大きいと判断しますし、それ以前に、お金を借りるところまでたどり着かないことも多いのです。

　ただ、最近では、ビジネスのアイデアを重視して、成功の可能性があれば、融資を検討してくれる銀行もあり、まったく借りられないというわけではなさそうです。

第 3 章　金融の経済学

　金融機関は、一般的には企業に対しては利息分を上乗せした返済を求める融資を行います。また、成長して株式市場に上場するような有望な企業になれば、その企業の株主になるために「投資」も行います。

■03-02　信用

● 預金におけるリスクと見返り

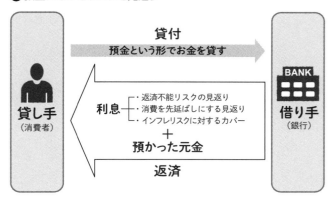

● ローンにおけるリスクとリターン（収益）

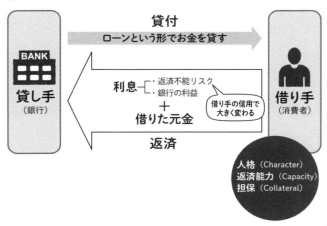

> **NOTE**
>
> 融資（Financing）とは、ビジネスが成功しても失敗しても、企業は融資してくれた金融機関（銀行など）に元金プラス利息を返済することになります。必ず返さなければいけない借金です。また、投資（Investment）とは、ビジネスが成功したときには、企業から出資者へのリターン（収益配分、分け前）が大きくなり、反対に失敗したときには出資者へのリターンが少なくなるという、必ずしも返す必要のない借金です。企業が倒産してしまった場合、リターンはゼロになります。

　このように、銀行（やそのほかの金融機関）と家計、企業との取引は、信用を介して行われます。

信用が高いほど金利は低くなる

　信用が目に見える形をとったのが金利です。

　銀行は、信用度が高い家計と企業には低い金利で融資します。反対に、信用度の低い家計と企業には高い金利で融資します。

　さて、銀行にとって最も信用度が高い（最もリスクが低い）融資先は国（政府）です。ということは、その政府の借金である国債の金利は最も低くなるはずです。そのため、国債金利（新発10年債）が長期金利の指標とされているのです。

　金利は市場経済でインセンティブ（経済的誘因）の役目を果たします。金利が高くなったり低くなったりすることで、家計や企業に、プラスまたはマイナスのインセンティブが発生するのです。

金利には、銀行間の取引金利である「**市場金利**」、家計や企業が銀行にお金を預けたときに発生する「**預金金利**」、家計や企業が銀行からお金を借りたときに発生する「**ローン金利**」などがあり、それぞれ消費者、企業、投資家、政府系機関の借り入れと貯蓄に影響を与えます。

原則として、金利は預金額と借入額を均衡させよう（バランスをとろう）とする市場の力（需要と供給）によって決定されます。

たとえば、景気が良くなると、多くの企業が事業拡大や設備投資のために銀行から資金を借りるようになったり、あるいは多くの家計（消費者）が住宅を購入するためにローンを組もうとしたりします。お金を借りたい企業や家計がたくさんいるので、貸す側（銀行）が優位に立ちます。すると、銀行は金利を上げて、利益を増やそうとします。このように世の中の資金需要が増加して金利が上がることを、「**上昇圧力がかかる**」といいます。

反対に景気が悪くなって、企業や家計があまりお金を使わなくなると、銀行は企業や家計にお金を借りてもらおうと考えて、金利を下げます。つまり、世の中の資金需要が減少すれば、金利は低下します。これを「**下落圧力がかかる**」といいます。

このように、金利は市場の原理によって決まります。

また、銀行にとって「景気がいい」状態とは、銀行が多くの企業や家計にお金を貸していることです。このようなときは取引が増えて、銀行の残高も増えます。

Inflation

インフレーション

お金の価値とモノの価値

望ましい物価上昇率は1〜2パーセント

　金利は物価と密接な関係にあります。金利と同様に、物価も市場で決まります。物価は第2章で見たように、理論的には需要と供給による価格のメカニズムで決まります。

　現実に、物価の指標となるのは「**消費者物価指数（CPI：Consumer Price Index）**」です。消費者物価指数とは、消費者が実際に購入する段階での、物価（商品の小売価格）の変動を表す指数です。総務省が毎月発表する小売物価統計調査をもとに作成される指標で、「経済の体温計」とも呼ばれています。1年前の指標と比較した伸び率を「**物価上昇率（インフレ率）**」といいます。

　経済学のセオリーとして、「**景気が良くなると物価上昇率（インフレ率）が上がり、景気が悪くなると物価上昇率は下がる**」といわれています。まず、「景気が良くなる」ということから考えてみましょう。

　たとえば、あなたが10万円を銀行に預金したとします。

　すると、銀行はその10万円をある会社X社に貸しつけます。

　X社はその10万円で、別の会社Y社から機械を買います。

　Y社は売り上げの10万円を銀行に預金します。

　すると、あなたの預金口座に10万円、Y社の預金口座に10万

120

円と、お金は 20 万円に増えています。

このようにお金が増えることを銀行の「**信用創造機能**」といいます。もともとの世の中に出回っているお金の総量（ここでは 10 万円）を「**マネタリーベース（ベースマネー）**」といい、これに信用創造機能によって増えたお金（10 万円）を加えた全体の通貨供給量（20 万円）を「**マネーストック**」といいます。預金と貸し出しが連鎖的に繰り返されることで、理論上、お金（マネーストック）が増加していくのです。ものすごくわかりやすくいえば、預金残高の合計がその時々のマネーストックになるのです。

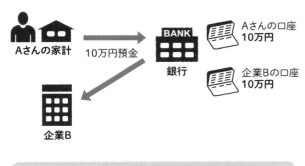

■03-03　銀行の信用創造機能

マネーストックが増えれば、世の中全体で取引が活発に行われており景気がいいということですし、同時に取引が活発になるほどマネーストックはさらに増えていきます。

一般的には、マネーストックが多い方が景気にはいいのですが、

お金が増えすぎると問題が生じます。お金の量が増えすぎると、物価が高くなるのです。つまり、マネーストック（世の中に出回っているお金の量）が商品の生産高の増加を超えると、長期的には「インフレーション（インフレ）」の状態になります。

インフレーション発生のプロセスは次の通りです。

お金が多くなればなるほど、商品を買える人が増えます。すると、商品の供給に対して需要が増えるわけですから、商品の価格は上がっていきます。言い換えれば、お金が増えすぎると、商品に対するお金の価値が相対的に下がっていってしまうのです。インフレの伸びを示す率を「インフレ率（物価上昇率）」といいます。一般に、望ましいインフレ率は年１～２パーセント程度といわれています。

これとは反対に、商品に対してお金の価値が相対的に上がってしまう状態が「デフレーション（デフレ）」です。デフレのときには、商品全体の価格が下がります。

デフレ発生のプロセスは次の通りです。

世の中に出回るお金の量が少なくなりすぎると、商品を買うことのできる人が減り、商品が余るようになります。すると、商品の供給に対して需要が少ないわけですから、商品の価格は下がっていきます。

第 3 章　金融の経済学

―― Deflation ――

デフレーション
物価が下がると不景気になる

デフレはデフレを呼ぶ

　インフレの反対がデフレです。

　デフレ状況下では、どんどん物価が安くなっていきます。多くの消費者は、このままデフレが続けば商品は将来的にどんどん安くなると予測するため、消費を先送りしようとします。すると、商品は売れにくくなるので、企業は商品の価格を下げます。値下げにより収益が減った企業は、利益を確保するために原価（コスト）や経費を下げようとします。たとえば、商品の原料代や従業員の給料などをカットします。

NOTE

第２章でも、利益を出すために費用（原価＋経費）をカットする方法を紹介しました（99 ページ）。

「利益（営業利益）＝収益（売上高・年商）－費用（原価＋経費）」という式を見ればおわかりになるように、利益を増やすためには、収益を増やすか、費用を減らすかの２つの方法があります。不景気になると、従業員の人数を減らしたり、給料を削減したりするのは、収益が変わらなくても費用が減れば利益が出るからなので

123

す。

　従業員は、市場全体から見れば消費者（家計）の一部です。もし社会全体に、給料が減った従業員（家計）が増えると、各家計は財布を引き締めようとするので、市場全体で商品が売れなくなります。すると企業は収益が減るので、利益を確保するために、再び従業員の給料を減らし、すると家計は財布をさらに引き締める……という悪循環に陥ってしまいます。

　また、こうしたデフレの環境下では、企業は新たな設備投資をしようとは思わなくなります。なぜなら、商品の価格が下がると同時に、売れにくくもなるため、儲からないからです。金融機関が金利をいくら低くしても、お金を借りようという企業や起業家はなかなか現れません。

　各家庭の生活にも影響があります。たとえば、金利が低くなると、貯蓄の利息で生活している人は生活が苦しくなります。一方、定額の収入で生活している人（たとえば年金生活者など）は、入ってくるお金は変わりませんが、出ていくお金が少なくなるので生活は楽になります。ただし、デフレがずっと続けば、定額の収入（年金など）も景気に応じて切り下げられることになるでしょう。

　本来であれば、もともとの世の中に出回っているお金の総量「ベースマネー」が、金融機関により繰り返し貸し出されることで、信用創造機能が働き、世の中全体の通貨供給量「マネーストック」が増えるはずなのですが、デフレの環境下ではお金を借りる人が少ないため、マネーストックがなかなか増えないのです。これでは、景気がますます悪くなってしまいます。

　こうしたデフレがデフレを呼ぶ状況を、「**デフレスパイラル**」といいます。デフレの環境下では物価が安くなり続けるものの、同時に消費者の賃金も減り続けるので、生活がどんどん苦しくなっていくのです。

第 3 章　金融の経済学

■03-04　インフレとデフレ

インフレ

価格が上がる＝企業の収益が上がる

収益↑ − 費用 ＝ 利益↑

利益が上がるので費用をUPすることも
従業員（家計）の給料が上がるかも……
↓
幸福になれる 😄

さらに企業の収益が上がる！

経済成長

企業の目的は
「利益の最大化」
である

両方可能

家計の目的は
「幸福の最大化」
である

デフレ

価格が下がる＝企業の収益が下がる

収益↓ − 費用 ＝ 利益↓

このままでは利益が下がってしまうので、
費用もDOWN ➡ コストカット

従業員（家計）にしわよせ
↓
幸福になれない 😣

さらに企業の収益が下がる！

デフレスパイラル

企業の目的は
「利益の最大化」
である
✗

家計は不幸に……

家計の目的は
「幸福の最大化」
である
✗

適度なインフレは経済を活性化させる

　一方、日本以外の多くの国では、おおむねインフレ（物価上昇）傾向にあります。インフレは、経済成長と国民の生活水準に大きな影響を与えます。物価が上昇すれば、企業の売り上げが伸びますし、企業は利益が上がれば、さらなる設備投資（工場建設など）をしたり、新たに従業員を雇用したりします。各家計の給料も上がるでしょう。さらに、銀行からお金を借りて新たに投資をしようという企業も増えるでしょう。このように銀行の貸し出しが増えるので、景気が良くなっていきます。

　現在、アメリカなどの先進国では2〜3パーセント、中国などの新興国では7〜8パーセント程度のインフレ率となっています。

　インフレ率は、1年でどれくらい物価が上昇したかを見る指標です。インフレのときに生活が苦しくなるのは、年金などの定額の収入で生活している人です。所得は一定なのにもかかわらず、物価が上がるので、生活は苦しくなります。

　同様に、貯蓄の利息で生活している人も生活が苦しくなります。

　たとえば、あなたに1億円の預金があって、年3パーセントの利息（預金利子）がつくとすれば、毎年300万円の生活費を用意できるため、それほどぜいたくをしなければ元金の1億円をとり崩さずに生活ができるでしょう。ところが、インフレ率が5パーセント上がると、これまでと同じ300万円の生活をしようとするのに、315万円必要になります。仮に金利が変わらなければ、元金をどんどん取り崩していくことになるでしょう。

　このため、定額の所得で生活している人や、インフレ率より所得の伸びが低い人は支出を抑えようとするため、購買力が低下します。

　インフレで生活が苦しくなる人がいる一方で、得をする人々も

出てきます。たとえば、固定のローン金利で借金をしている人です。インフレの状況下では、物価が上昇するのに応じて、ローンの金利はだんだんと上がっていきます。このとき上がる前に（固定）金利で借りている人は、インフレによる上昇分を支払わずに済みます。

　また、インフレとはモノの価値がお金よりも相対的に高くなる、つまりお金の価値が下がることですから、借金は実質的に目減りします。こうした理由があるため、企業はお金を借りて設備投資などをしたがるのです。

Interest and Inflation

金利とインフレ率

消費するか貯蓄するかは物価次第

インフレは金利を上げる

パーソナルファイナンスの「インフレの公式」を紹介しましょう。

> **POINT**
>
> 〈インフレの公式〉
> インフレは金利を上げる。

先ほど、銀行に預けたお金に利息がつく理由を説明しましたが、そのほかにも「**インフレリスク**」の存在があります。**インフレは、「物価の上昇」であると同時に「貨幣価値の下落」でもあります。**世の中がインフレであれば、物価上昇率（インフレ率）を上回る金利でなければ、お金は銀行に預けずに、すぐに使う方が得なのです。

たとえば、金利が2パーセント、同じ時期のインフレ率が5パーセントだとしたら、銀行に100万円を預けると1年後には102万円になります。ところが、インフレ率が5パーセントなので、今100万円で買える商品は、1年後には105万円に値上がりします。つまり、お金を銀行に預けたら、1年後にはこの商品を買えなく

なってしまいます。それならば、「預金をしないで今買うしかない！」と、みんなが予測して、消費をします。貯金をする人が減って、銀行にお金がなかなか集まらなくなってしまうのです。

　つまり、金利よりもインフレ率が高いと、貯金する期間が長いほど、インフレ率分の損失が発生するのです。このようなリスク（損失）を「インフレリスク」といいます。インフレリスクを発

■03-05　インフレと金利

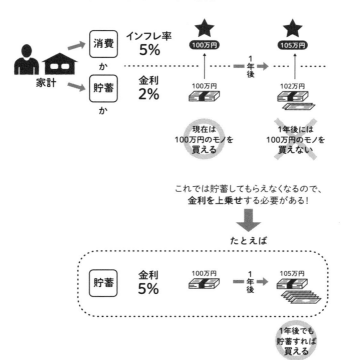

生させないためには、金利がインフレ率を上回っている必要があります。そのためインフレのときは、銀行は預金金利を上げざるを得なくなるのです。

反対に、デフレになると、金利が下がります。

インフレのときは金融機関はインフレ率を上回る金利をつけて、お金を集める必要があります。しかし、インフレ率が低ければ、金利をそれほど高くしなくてもいいということになります。さらにデフレ（インフレ率がマイナス）のときは、企業は設備投資をしようとする意欲が下がっていますので、銀行は貸し出し金利をなるべく低くするというインセンティブ（経済的誘因）をつけることで企業がお金を借りやすくしようとするのです。

金利が上がれば、株価は下がる

金利の上がり下がりは家計だけでなく、企業の株価にも大きな影響を与えます。

パーソナル・ファイナンスの法則「金利と株価の公式」を紹介しましょう。

POINT

〈金利と株価の公式〉
金利が上がれば、株価は下がる。
金利が下がれば、株価は上がる。

「金利が上がると株価が下がる」というのは、こういうことです。たいていの企業は、銀行からお金を借りていますが、返済の際に

は、元金に利息をつけた金額を返済します。

たとえば、1000万円を金利3パーセントで借りたとすれば、返すときには、30万円の利息をつけて返さなければなりません。

1000万円×103パーセント＝1030万円

もし、金利が3パーセントから5パーセントに上がると、1050万円を返済しなければなりません。

このように融資金利が上がると、返済金額が多くなるので、企業は銀行からお金を借りるのを控えます。すると、事業への投資が少なくなり、業績が下がります。それと連動して、株価が下がるだろうと予測した株主たちが、その会社の株式を手放す（株式市場に売りに出す）ため、株価が下がるのです。つまり、株式の人気が落ちて、欲しい人が少なくなるという状態です。

また、融資金利が上がれば、それに応じて預金金利も上がります。

すると、それまで株式に投資をしてきた投資家にとっては、利率が高くなった金融商品（預貯金）に資金を移動するインセンティブ（経済的誘因）が発生します。つまり、株式を持っているよりも、預金した方が得というわけです。

> 資金を運用する際に、金融商品（預貯金）にするか、株式投資にするかは大きな決断です。

金利が下がったときは、この逆のパターンです。

融資金利が下がると、企業はお金を借りやすくなります。事業

への投資が増えて、その分売り上げが伸びて業績が上がります。すると、それに連動してその会社の株式を欲しがる人が増えるので、株価は上がります。

　融資金利が下がると同時に、預金金利も下がります。投資家は、預金金利が高いうちは、預貯金や定期預金などで資金を運用しますが、預金金利が下がると、預金よりも株式の資産価値や配当金に魅力を感じる人が増えて、株式市場での取引が活発になり株価が上がっていくのです。

　ただし、現実的には、株式市場では個々の会社の業績なども重視された上で株価は決まるので、それほど単純に金利と連動しているわけではありません。

NOTE

　こうした株式の中で、株式市場全体の人気を指標化したものに、日本では「日経平均株価」があります。東京証券取引所の第一部に上場する約1700銘柄の株式のうち225銘柄を対象にしている指標です。ニューヨーク証券取引所には、「NYダウ工業株30種平均」という同様の指標があり、ロンドン証券取引所では「FTSE100」があります。世界全体では、ロンドンFTSE100の影響を受けてNYダウ工業株30種平均が動き、さらにその影響を受けて日経平均株価が動くという傾向にあります。

「名目」金利と「実質」金利

　金利とインフレ率には、もう1つ重要な関係があります。

　たとえば、金利が2パーセント、同じ期間のインフレ率が3パーセントだとしたら、銀行に100万円を預けると、1年後には102

万円になります。ところが、インフレ率が3パーセントなので、今100万円で買える商品は1年後には、103万円に値上がりします。つまり、銀行にお金を預けておいたら、1年後にはその商品を買えなくなってしまいます（パターン1）。

次に金利が2パーセント、その期間のインフレ率が1パーセントだとしたらどうでしょうか。この場合、銀行に100万円を預けると、1年後には102万円になります。また、インフレ率が1パーセントなので、今100万円で買える商品は1年後には、101万円に値上がりします（パターン2）。

このように金利の中に、インフレ率が含まれてしまうのです。実質的な金利（金利だけの動き）を見るためには、金利からインフレ率を引く必要があります。なお、この章まで「金利」といっていたものは、正確にはインフレ率を含む「**名目金利**」といいます。

名目金利–インフレ率＝実質金利

先ほどのパターン1「金利（名目金利）2パーセント、インフレ率3パーセント」の場合には、1年後に商品が買えなくなっていましたが、これを式に当てはめると、次のようになります。

名目金利（2パーセント）–インフレ率（3パーセント）＝実質金利（–1パーセント）

実質金利がマイナス1パーセントになるので、預けておくと損をするということがわかります。

パターン2「金利（名目金利）2パーセント、インフレ率1パーセント」の場合は、次のようになります。

名目金利（2 パーセント）−インフレ率（1 パーセント）＝実質金利（1 パーセント）

実質金利はプラス 1 パーセントだということがわかります。

NOTE

投資をした場合のリターン（収益率）を知るためには、投資の「利回り」を計算する必要があります。このとき「名目利回り」と「実質利回り」に注意しなければなりません。金融商品の利率で計算した利回りを「名目利回り」といいます。名目利回りということは、インフレ率が含まれているということです。そのため、インフレ率を引いて実質利回りを出す必要があります。結果、「名目利回り」では利益が出ているように見えても、「実質利回り」ではさほど利益が出ていないということがあり得るのです。

名目利回り−インフレ率＝実質利回り

第 3 章　金融の経済学

Ccentral bank

中央銀行

中央銀行の目的は「物価の安定と金融システムの安定」

金利は景気のアクセルとブレーキ

　これまでこの章では一般的な金利について説明してきましたが、今の制度では、金利は短期と長期に大きく分かれています（短期金利と長期金利は第1章でも紹介しました）。

　このうち、信用が大きく影響するのは長期金利です。事実上、金融機関にとってお金を貸し出す先として一番安全なのが政府が発行する国債です（国は破たんしませんから）。このため、政府よりも信用度の低い家計や企業にお金を貸し出す際には、返済されないリスクを国債の金利に上乗せした金利を設定するのです。

　つまり、国債の金利を基準（特に長期国債の金利）に、長期金利が決まるのです。長期金利は政府が決めることはできません。市場で信用の増減によって変動します。

　一方で、短期金利は「**政策金利**」ともいわれ、各国の「中央銀行」が決める短期間のお金の取引における金利です。中央銀行とは、アメリカならばFRB（連邦準備制度理事会）、日本ならば日本銀行のことです。アメリカの政策金利は「**FF金利（フェデラル・ファンド金利：Federal Fund Rate）**」といいます。

　日本銀行法で、日本銀行の目的は「**物価の安定と金融システムの安定**」だと定められています。一方、アメリカのFRBは、金融政策の目的として、「**雇用の最大化（Maximum Employment）**」

135

「物価の安定（Stable Prices）」「適度な長期金利（Moderate Long-term Interest Rates）」を挙げています。20世紀前半に起きた世界恐慌による大量失業の時代があったために、「雇用の最大化」が加えられたのです。

　日本銀行の役割は、紙幣（日本銀行券）を発行する（金融システムの安定）とともに、物価を安定させるために、「**通貨供給量**」（マネタリーベース＝市場に出回るお金の量）を調整します。その手段として、金利の誘導（金利の操作）を行います。

　低い金利は、景気にとってアクセルの役割を果たします。お金を借りやすくなるので、市場に出回るお金が増えます。

　また、銀行にお金を預けておいても利息が少ないので、多くの人が預金するよりは、現金を手にさまざまな挑戦（買い物や投資）をしようと考えます。さらに、銀行からお金を借りて挑戦する人も増えるでしょう。

　その効果で世の中全体の預金残高が増え、企業や家計の景気が良くなります。やがて物価は上がっていきます。

　反対に金利が高いときは、企業も家計もなるべくお金を借りないようにしますし、借りているお金も早く返そうとします。同時に、預金をした方が利息がたくさんもらえるので、預金する人が増えます。結果として、世の中に出回るお金の量が減ります。

　要するに、みんなの財布のひもがかたくなるので、企業や家計の景気が悪くなるというわけです。やがて物価は下がります。このように金利が高くなるということは、景気にとってブレーキの役割を果たします。

　中央銀行は、この景気のアクセルとブレーキをどう操作しているのでしょうか。

　中央銀行の金利操作は、一般の銀行（市中銀行）を通して行われます。

中央銀行は、「**銀行の銀行**」ともいわれます。その意味は、市中銀行を監督するとともに、市中銀行にお金を貸すからです。もちろん、その際には一定の利息を設定します。先ほど「銀行は家計や企業から預かったお金を元手にお金を貸す」といいましたが、実はそれ以外にも資金調達方法があります。中央銀行からの借金です。中央銀行からお金を借りた市中銀行は、自らの人件費や設備費といった費用の分と、利益の分を利息に上乗せして、企業や家計に貸し出します。

このように中央銀行が市中銀行にお金を貸すことで、市場にお金が出回るのです。中央銀行の貸し出し金利を（日本では）「**公定歩合**」といい、1990年代初頭の金利の自由化までは、これを「**金利の誘導**」の目安にしていました。

中央銀行の金融政策

日本では1990年代の金利の自由化により、公定歩合が実質的な効力を失い、貸し出し金利や預金金利との直接的な連動性はなくなりました。

現在は、市中銀行同士がお金を貸し借りする市場（コール市場）があり、その市場における金利（短期金利）を日本銀行が「**誘導目標水準**」として決めます。誘導目標水準が、かつての公定歩合のような役割を担う政策金利になっています。

日本銀行が景気にブレーキをかけたい（通貨供給量を減らしたい）と思ったときは、コール市場の誘導目標水準の引き上げを決定します。

すると、貸し出し金利と預金金利が上がるため、市場に出回るお金の量（通貨供給量）は減ります。これを「**金融引き締め**」と

いいます。つまり、景気にブレーキをかけるのです。

反対に、日本銀行が景気にアクセルをかけたい（通貨供給量を増やしたい）と思ったときは、コール市場の誘導目標水準を引き下げます。

すると、貸し出し金利と預金金利が下がるため、市場に出回るお金の量（通貨供給量）は増えます。これを「**金融緩和**」といいます。その結果、景気にアクセルがかかるのです。

日本銀行は、このようにして景気を調整します。

ただし、日本銀行が誘導するコール市場の金利は、あくまで短期金利です。1年を超える「長期金利」は誘導できません。

なぜなら、**長期金利は短期金利の影響を受けつつ、市場の需要と供給により決まる**からです。

景気が良くなると、企業は投資や雇用を増やします。銀行からの借り入れや、資本市場で株式や社債を売却して、資金調達をします。調達額は多額になるため、返済は長期間に及びます。このように長期的な資金の需要が増加すると、長期金利は上昇します。

反対に、景気が悪くなれば、企業は投資や雇用を控えるので、長期金利の需要が減ります。そのため、長期金利は下降します。

NOTE

現在は、10年もの国債（償還期間10年）の金利が長期金利の代表的な指標とされています。

中央銀行は「金融引き締め」と「金融緩和」をすることで、自らの目的である「物価を望ましい水準に調整」します。これが金融政策です。日本は1990年代初頭のバブル崩壊で不景気になるのを防ぐために、ほぼゼロ金利にして景気に刺激を与え続けま

第 3 章　金融の経済学

したが、そのかいもなくデフレに突入してしまいました。また、2008年のリーマン・ショックに端を発した世界的な大停滞の際には、米欧の中央銀行も事実上のゼロ金利にして、景気に刺激を与え続けています。

■03-06　中央銀行の目的

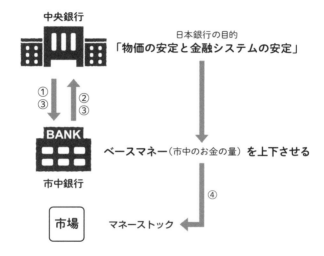

①	公定歩合（かつての政策金利）	中央銀行が銀行に貸し出す金利を決める。
②	預金準備率	銀行は一定の割合を中央銀行の当座預金に預け入れなければならない。この割合が市中のお金の量を上下させる。
③	公開市場操作	中央銀行が銀行と債券を売買し、市中のお金の量を上下させる。 ↓ 政策金利（短期金利）を上下させる。
④	量的緩和	中央銀行が市場の債券、証券を購入し、市中のお金の量を増やす。

Open Market Operation

公開市場操作

日銀がお金の量を調節する仕組み

中央銀行と市中銀行の国債売買

景気を左右するアクセルとブレーキという金融政策の役割は、中央銀行の権限になっています。一般的に各国の中央銀行は、政府からある程度独立しています。もちろん、日本銀行も政府から独立した法人です。

独立の理由は、次の通りです。

政府は、そもそも選挙で選ばれた国民の代表（政治家）が集まっていますが、彼らは国民の生活に影響を与える金融引き締め策など、景気にブレーキをかける政策はなかなかとろうとはしないでしょう（自分の人気が落ちるため）。政府が金融政策も担当すれば、インフレで国民経済が盛り上がり、物価が急騰したとしても、景気のアクセルを踏み続けるかもしれません。

つまり、政府にはできない「物価の安定」を遂行する目的で、中央銀行が経済政策を担当するのです。

中央銀行による短期金利の誘導は、市中銀行と国債を売買することで行われます。中央銀行が保有する国債を市中銀行に売却するということは、市中銀行が持っているお金を中央銀行が吸い上げるということなので、市場の通貨供給量は減少します。つまり、世の中全体で資金が不足するので、資金の需要が増えます（借り手に対してお金が足りない状態）。また、資金の需要が増加すれば、

第 3 章　金融の経済学

金利に上昇圧力がかかります（金利は上がります）。

> **POINT**
>
> 　　　　　　　　　中央銀行　⟷　銀行
> 売買をするので、国債　　⟷　お金
> 結局は　　　　　お金　　⟷　国債

　銀行は手持ちのお金が減るため、企業や家計にお金を貸しにくくなります。

　反対に、金利を下げるためには、中央銀行が、市中銀行の保有する国債を買い取ります。すると、中央銀行が持っているお金が市中銀行に渡ります。市場の通貨供給量は増加します。すると、世の中全体で資金に余裕ができる、すなわち資金の供給が増加します(借り手に対してお金が余る状態)。資金の供給が増加すれば、金利に下降圧力がかかります（金利は下がります）。

> **POINT**
>
> 　　　　　　　　　中央銀行　⟷　銀行
> 売買をするので、お金　　⟷　国債
> 結局は　　　　　国債　　⟷　お金

　市中銀行は手持ちのお金が増えて、企業や家計にお金を貸しやすくなります。

　このような日本銀行の動きを、「**公開市場操作**」といいます。

　日本銀行が市中銀行に国債を売却し、世の中の通貨供給量を減少させて、金利を上げることを、国債を売ることから「**売りオペ**

141

レーション」といいます。

　反対に、日本銀行が国債を買うことを「**買いオペレーション**」といいます。市中銀行の保有する国債を購入し、世の中の通貨供給量を増やして、金利を下げるのです。

■03-07　売りオペレーションと買いオペレーション

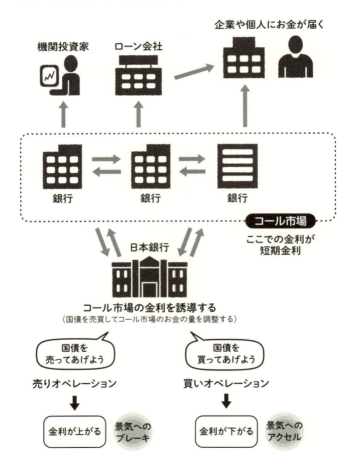

第3章　金融の経済学

　日本銀行が通貨供給量を調整するためにとるもう1つの方法は、市中銀行に集めた預金のうち一定割合額を日本銀行に預けさせることです。これを「**法定預金準備率**」といい、預金者からの預金の引き出し要求のための準備金として、すべての銀行に義務づけられています。

　日本銀行が預金準備率を引き上げると、銀行は貸し出しに回せるお金の量が減るため、通貨供給量は減少します。すると、金利は上がります。

　反対に、日本銀行が預金準備率を引き下げると、市中銀行は貸し出しに回せるお金の量が増えるため、通貨供給量は増大します。すると、金利が下がります。

　2000年代に、日本銀行は誘導目標水準として決めていたコール市場（市中銀行同士がお金を貸し借りする市場）における金利をほぼゼロにしたのですが、景気への刺激となりませんでした。そこで、日本銀行は、膨大な準備預金を当座預金に供給することで、市中銀行の貸しつけを増やそうと図りました。市中銀行が自由に使えるお金を増やせば、企業に対する貸し渋りもなくなると考えたのです。つまり、ベースマネー（世の中に出回っているお金の総量）をどんどん増やすことで、景気を良くしようという作戦です。

　これが日本銀行の「**量的金融緩和政策**」です。

　しかし、日本経済は、企業が設備投資を控え、銀行も融資を控えている状態でした。みんなが守りになっている中で、日本銀行がいくら量的金融緩和政策を行なっても効果は出ず、デフレが続きました。

　2013年になって、数年後にはインフレ率を2パーセントにする（デフレから脱却する）という政策を日本銀行が推進することを宣言しました。金利は低水準を維持したままで、インフレ率を

143

2パーセントにするということは、将来は物価が2パーセント上昇するのだから、現在の時点で消費を行なうことが賢明だと企業や家計が予測し、企業が守りの姿勢から攻めの姿勢に変わってくれることを期待したのです。これは「**異次元金融緩和**」といわれています。

> NOTE
>
> アメリカでは、2009年からFRBによる量的緩和政策がとられ、100兆円以上の規模で、アメリカ国債や不動産担保証券が購入されました。この「量的金融緩和政策（Quantitative Easing Program）」は、第3弾「QE3」が2014年10月末に終了し、緩和縮小（テーパリング：Tapering）が行われています。

第4章

政府の経済学

目的は国民全体の生活を良くすること

Gross Domestic Product

国内総生産

国全体の経済規模を表す

政府の目的は「経済成長の最大化」

日本やアメリカは混合経済です。混合経済における政府の役割とされるのは次の6点です。

1. 法律の枠組みを提供すること。
2. 自由な競争を確保すること。
3. 公共財（社会的インフラ）を供給すること。
4. 外部性をコントロールすること。
5. 所得を再分配すること。
6. 経済を安定化させること。

所有権、財産権や契約、トラブルが起きた場合の裁判など、1.法律の枠組みを提供します。市場メカニズムが適切に働くように2.自由な競争を確保します。つまり、民間が自由に競争ができるように整備するのです。

そして政府は、民間ができない3.公共財（社会的インフラ）を供給し、4.生産者・消費者以外の第三者に思わぬ影響を与える「外部性」をコントロールし、また格差が広がらないように（富める者から貧しい者への）5.所得再分配を行い、景気の浮沈を押さえて、6.経済を安定化させるのです。

第1章では、家計（皆さんの家庭）の最終的な目標は「幸福の最大化」であるといいました。第2章では、企業の最終的な目標は「利益の最大化」であるといい、第3章では、中央銀行の目標は「物価の安定」であるといいました。

中央銀行が物価を安定させることで、企業は安心して経済活動（生産・販売など）を行い「利益の最大化」を目指し、家計は「幸福の最大化」を目指すことができるのです。この家計と企業の経済サークル（循環）が大きくなればなるほど、その国の経済は成長していきます。

家計と企業の経済サークルをできるだけ大きくすることは、政府の目的のうちの最も重要な1つです。経済学的には、「**経済成長の最大化**」といいます。

政府は、家計と企業の経済サークルが順調に成長するように整備しなければなりません。

家計が幸福を最大化できる環境が整っているか、企業が利益を最大化できる環境が整っているかを考え、経済成長が最大化するように政策を実行するのです。歴史的に見ても、経済成長は貧困を解消し、国民の生活水準を向上させる主要な牽引力となってきました。

経済成長によって、産業を増大させ、新たな雇用と利潤の機会が生まれることになります。

「国内総生産（GDP）」とは

では、国の経済成長はどのように計算されるのでしょうか。

一国の所得、雇用、物価の全体的な水準はすべての家計、企業、政府機関などが行う、支出と生産の相互作用によって決まります。

経済成長は「**国内総生産（GDP）**」で計ることができます。また、GDP が前年と比べて増えたか減ったかをパーセンテージで表したものを「**経済成長率**」といいます。経済成長率は、その国の経済の成長を示す指標となります。

> **NOTE**
>
> GDP とは、1 年間に一国内の経済活動で生産された最終商品の価格が、全部でいくらになるかを測った市場価値の総計のこと。

　GDP の計算方法を最もシンプルな例で説明しましょう。

　たとえば、農家の A さんがリンゴを育てたとします。たくさん実ったので、誰かに 1 つ売ることにしました。値段は 100 円です。

　このリンゴを、ジュース加工業者の B さんが買います。このとき付加価値 100 円が発生します。

> **NOTE**
>
> 付加価値とは生産・流通・販売過程で新たに付け加えられる価値のこと。

　B さんはリンゴをジュースに加工して、レストランを経営する C さんに 300 円で販売します。このとき、リンゴの仕入れ値 100 円分を除いた 200 円分が付加価値として発生します。そして、これまでの取引で発生した付加価値の合計は 300 円（100 円 + 200 円）です。

　300 円でジュースを買った C さんは、自分の経営するレストラ

ンでお客さんに 600 円で出しました。付加価値は、さらに 300 円
増加します。

A さんは 100 円、B さんは 200 円、C さんは 300 円の所得（付
加価値）をそれぞれ得たことになります。この付加価値の合計
600 円が GDP です。

また、付加価値の合計は、ジュースの最終的な値段と同額であ
ることがおわかりになるでしょう。

なお、リンゴ（100 円）とリンゴジュース（600 円）のケースで、
もし、リンゴが外国（ニュージーランド）産だったらどうでしょ
うか。北半球にある日本と南半球にあるニュージーランドでは季
節が正反対となり、旬が重ならないために、加工用として人気が
高いのです。すると、日本に輸入した際のリンゴ代 100 円は、国
内で付加された価値ではありません。ニュージーランドの付加価
値としてニュージーランドの GDP に 100 円が算入されるのです。
日本の GDP に算入されるのは、ジュースにする加工代 200 円と、
レストランで提供された 300 円の合計 500 円となるのです。

**GDP とは、その国で 1 年間に生産された商品の付加価値の総
額であると同時に、経済主体（家計・企業・政府）が受け取った
所得の総額です。**つまり、その国の経済的産出高と所得の大きさ
を示す基本的な尺度です。

毎年の産出高を比較することで、経済成長の変化がわかります。
たいていの国では毎年、数パーセントずつ増えており、この伸び
率が経済成長率です。国の経済の成長ぶりがわかるのです。日本
は 0.9 パーセント、アメリカは 1.5 パーセントです。高成長を続
ける中国が 6.7 パーセントです（2016 年　IMF 調査による実質
成長率）。

GDPの「三面等価の原則」

　今、説明しているGDPは生産面（付加価値額）で表していますが、GDPは、生産面（付加価値額）のほかに、分配面（所得）、支出面（消費と貯蓄）という面でもとらえることができ、この3つの金額は等しくなります。これを「三面等価の原則」といいます。

　なぜこの3つが等しくなるのかというと、ある人の支出はほかの人の所得となり、また、その人の支出は別の人の所得になり、消費していくという形で、循環していくからです。これは、先ほどのリンゴの取引の例で説明した通りです。

　その結果、生産、分配、支出は等価となり、当初の支出に変化があると、通常、国全体の所得、支出、産出にも変化をもたらすのです。

　各個人や各企業の経済活動が国全体の経済活動に影響を与えているということは、なかなか実感しづらいでしょう。また、GDP（国全体の支出、生産、所得）の変化は、自分たちに直接関係がないことのように思われるかもしれませんが、これまで見てきたようにGDPと経済成長は、皆さんの経済活動を国レベルで表したものです。

NOTE

　日本では、GDP（支出面）の約60パーセントは個人消費が占めています。約20パーセントは企業による設備投資、20パーセントは政府の支出（政府最終消費支出）などで構成されています。

第 4 章　政府の経済学

■04-01　GDPは付加価値の合計

●GDPは付加価値の合計

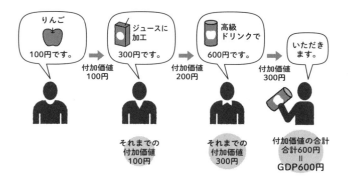

●GDP（国内総生産）の三面等価

=

経済成長

「名目GDP」と「実質GDP」

GDPが国の経済の大きさを示すならば、どんどん増やせばいいと思う方もいるでしょう。しかし、GDPは、そう簡単にどんどん増やせるものでもありません。なぜなら、一国内での商品の総供給には限界があるからです。これを「**潜在GDP**」といいます。

潜在GDPは、その国が持っている天然資源の質と量、生産力（労働力の量と熟練度）などによって決定されます。

生産要素の絶対量と質には限界があります。一方、商品の質については技術進歩や機械設備の改良・改善で対応できます。また、労働の質も未熟練労働者が教育を受けて、熟練労働者になることによって改善されます。

生産要素とは、商品を生み出すのに必要な4つの資源（土地、資本（資金財）、労働者、起業家）のこと。

さらに、原料（資源）の問題もあります。たいていの場合、資源が世界の特定の地域に偏っており、自国で原料をすべてまかなうことは難しいでしょう。ほとんどの国は原料を海外から調達し、国際分業体制（191ページ）に組み込まれることによって、経済成長が可能になるのです。

供給された商品の合計を「**総供給**」といい、総供給が最大となったケースが潜在GDPとなります。この時点では理論上、供給能力がフル稼働しているはずですから、すべての労働者も働いている「**完全雇用**」の状態です。このため、潜在GDPを「**完全雇用GDP**」ともいいます。ただし、潜在GDPは現実に存在するもの

ではなく、あくまで理論上のものなのでご注意ください。

　また、GDP は現在のお金の価値で測定されます。したがって GDP の増加には、商品の産出高の増加だけではなく、物価の上昇（インフレ率）も含まれている可能性があります。このため、インフレ率分を調整した GDP を「**実質 GDP**」といいます。この調整する前の GDP を「**名目 GDP**」といいます（金利に、名目金利と実質金利があるのと同じような理屈ですね）。

実質 GDP ＝名目 GDP−インフレ率

　各国は、実質 GDP によって自国民の生活水準を年ごとに、あるいは諸外国と比較することができるようになるのです。

Financial Policy

財政政策
国の経済活動がスムースに回るように調整

財政政策の3つの役割

　政府と社会（家計・企業・銀行）との関係を見てみましょう。政府は、家計・企業・銀行から税金（家計からは所得税、企業・銀行からは法人税）を徴収する一方で、家計・企業・銀行に公共財（社会的インフラ）や行政サービス（安全や教育など）を提供しています。

行政サービスには、住民票の発行などの事務手続きから、健康保険や生活保護といった福祉サービスなど多くの身の回りに欠かせないものが含まれています。

　また、家計には公務員給与や社会福祉を提供したり、企業に社会的インフラ（道路、橋、校舎など）を整備するという公共事業を発注しています。さらに、生活の苦しい家庭（家計）には生活保護などを、また企業には補助金という融資や投資を行っています。
　経済学では政府の財政政策には、大きくいって次の3つの役割があるとされています。

「資源配分」「所得再分配」「経済安定化」です。

　資源配分とは、希少性のある生産要素が適切に分配されるように調整し、市場メカニズムが適切に動くように政策で誘導することです（たとえば、生産要素を独占して高く売ろうとする独占企業が出てこないようにする）。

　所得再分配とは、市場メカニズムが正常に機能していても富（所得）の偏りが出てくるため、その富の偏りを調整することです（たとえば、所得格差を是正するために高額所得者には高い税金をかけ、また低所得者には補助金を支給することなど）。

　経済安定化とは、景気には浮き沈み（循環）があり、その波が大きいと生活が安定しない（会社が倒産したり、リストラされたりすることになる）ため、政府が景気をコントロールすることで経済の安定化を図ることです。

　さらに、裁量的財政政策として、支出（公共事業など）や税の水準を増減することがあります。その決定はその国の産出高、雇用、物価の水準に影響を与えます。

失業者を雇うのは政府？　それとも企業？

　政府は経済成長率を高めるために、失業率を減らすこと、総需要を増やすことなどの方法がありますが、一番簡単な方法は、政府は何らかの方法を使って「失業者に働いてもらえばいい」ということになります。

　失業者に働いてもらう方法には次の2つあります。

- ・政府が直接雇ってしまえばいい。
- ・企業に雇ってもらえばいい。

　このどちらかを採用（たとえば、法律で採用を義務化するなど）すれば、失業問題はすぐに解決します。総需要も増えるでしょう。
　しかし、失業者を雇ったとしても、それほど仕事があるでしょうか。仮に、雇ったはいいがお金を生み出す仕事をさせることができなければ、政府の場合であれば支出が増大し、財政赤字が増加します。この財政赤字を補てんするのは国民の税金です。
　また、企業の場合も費用（人件費）だけが増えて、たちまち赤字に陥ってしまうでしょう。すると税金が払えなくなり、最終的には財政赤字が増大します。
　こう考えると、強制的に雇用を増やすことは、効果的ではないどころか、かえって国民全体の生活を圧迫します。
　そこで、裁量的な財政政策をとることになります。
　方法は２つあります。

- ・政府が公共事業を増やすことで、雇用を増やす。
- ・企業が新事業を生み出すことで、雇用を増やす。

　たとえば、政府が日本全国の IT インフラを高めるという公共事業を行えば、お金はかかりますが、雇用も増えます。政府としては公共事業をして乗数効果が出ることで、雇用を増やせればいいわけです。

第 4 章　政府の経済学

　また、政府が設備投資減税などをして、企業が新事業を生み出すように働きかけることもできます。企業が新しいビジネスを生み出せば、雇用は増えますし、利益が出ることで、政府の税収は増えるでしょう。

　確かに、ビジネスにおいては、企業の方が政府よりも長けているでしょう。そう考えると、政府は企業のサポートと社会的インフラの整備をして、あとは民間の活力に期待するといった戦略をとる方がいいかもしれません。すると、失業者や若者を企業が欲しがるような人材に教育するためのスキル教育なども必要になるでしょう。

　これが、われわれの生活に政府がどこまでかかわるべきなのかという、「**大きな政府**」か「**小さな政府**」かという問題です。

=========== Big Government v.s. Limited Government ===========

「大きな政府」と「小さな政府」
政府はどこまで国民の面倒を見るべきなのか

政府と民間との適切な距離は?

　政府の運営には、莫大なコストがかかります。たとえば、公務員の人件費、税金を徴収するためのコスト、徴収した税金を目的別に分配するためのコスト、分配がうまくいっているかを監視するためのコスト、いったん造った社会的インフラ（道路、橋、ダムなど）を維持・補修するためのコストなどです。

　国民にとっての行政サービスが充実していれば、その分だけコストがかかります。このコストは一般的には税金でまかなわれます（資源などの国有財産を売却できる資源国（たとえば、サウジアラビアなど）では、国民からそれほど税金を徴収しなくても、行政サービスを提供することが可能です）。

「大きな政府」とは、社会的インフラや行政サービスが充実している政府です。たとえば、企業の活動に対しても、政府がいろいろなアドバイスをしたり、規制をします。ただし、充実している分、運営にコストがかかるため、税金が高くなります。

　一方「小さな政府」とは、社会的インフラや行政サービスの提供を最低限しか行わない政府です。この場合、政府は企業に対して、できるだけ口を出しません。最低限なのですから、もちろん国民が払う税金は安くて済みます。

「大きな政府」「小さな政府」の、どちらを選ぶかは、時の政権

次第です。納税者（有権者）による選挙で、多数を占めた政党の方針によります。たとえば、1980年代には「小さな政府」を選ぶ政権が各国に増えました。日本でも民営化により、国鉄がJR（日本旅客鉄道株式会社）に、電電公社がNTT（日本電信電話株式会社）に、専売公社がJT（日本たばこ産業株式会社）にといった具合に、株式会社制度に移行しました。2000年代には郵政事業が日本郵政株式会社に移行しました。「民間でできることは民間で」という考え方です。

減税する？　それとも増税？

「大きな政府」「小さな政府」という問題について、常に激しく議論されている国がアメリカです。アメリカでは大統領選挙のたびに税金が争点になります。二大政党の1つ共和党は減税を主張し、もう1つの民主党は増税を主張して選挙を戦います。

　減税を推進するのは「小さな政府」です。本来、政府が行うべき行政サービスを民間企業が委託されて行い、また、企業や富裕層を減税することで働くことに対するインセンティブを設定しようという考え方です。企業も家計も減税されれば、所得が増えるのですから、できるだけ働こうと考えます。そのために、経済が活性化するのです。

　増税を推進するのは「大きな政府」です。増税は、企業や富裕層を中心に行われます。こうした増税分を行政サービスに当てることで、社会福祉を充実させたり、貧困層の人々にお金を回そうとしたりします。貧困層の人々がお金をたくさん使うようになれば、経済が活性化すると考えるのです。

　政権が代われば、税金の納税額も変わります。このため、アメ

リカでは国民の政治への参加意識が高いのです。

　政府がどこまで国民生活や企業活動に関与するかの度合いは、「大きな政府」「小さな政府」によって異なります。たとえば、先ほどの総需要を増やすためには公共事業を行うか、それとも減税するかという選択においても、「大きな政府」の立場からは「総需要のためには公共事業」が主張され、「小さな政府」の立場からは「総需要のためには減税」が主張されるのです。

　政府の基本的な役割については、これから説明していきますが、それぞれにおいて「大きな政府」か「小さな政府」かという視点が影響しています。

第 4 章　政府の経済学

Resource Allocation

資源配分
政府には国民の経済活動を保障する役割がある

市場の自動調節作用

いくら政府が「GDP（国内総生産）を増やして、どんどん経済成しよう！」といっても、そもそも政府が主導できる範囲は限られています。

NOTE

GDPとは、１年間に一国内の経済活動で生み出された付加価値の合計です。

今の日本は、政府が資源を配分して経済を主導する「統制経済」ではなく、「市場経済」を採用しています。市場経済とは、企業や個人が売り手・買い手として自由に意思決定することで資源や商品が配分されるシステムです。

NOTE

統制経済とは政府が主導して経済活動を行うことです。たとえば、モノの価格を政府が決めるなど、規制が多く、企業活動が制限されます。

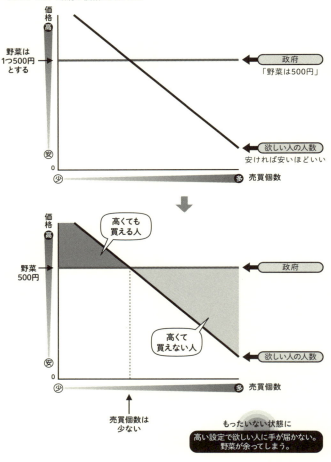

　市場経済の決定基準となるのが価格です。売り手がその商品を売ってもいいと思う価格を提示し、買い手はその価格に反応します。要は、安いと思えば買いますし、高いと思えば別の商品を買うということです。

第 4 章　政府の経済学

　そのため売り手は、買い手が買ってもいいと思うギリギリの価格まで値段を下げます。買い手と売り手がお互い納得して取引できる点、これが「均衡点」です。こうしたやりとりが市場において常に行われています。

> **NOTE**
>
> 均衡点とは、市場において、買い手（消費者）が買いたい数量である需要量と、売り手（企業）が売りたい数量である供給量が一致する点。市場経済のもとでは、均衡点で売買が成立し、取引が行われます。また、均衡点における価格を「均衡価格」、数量を「均衡数量」といいます。

　統制経済では政府がモノの価格を決めるのに対して、市場経済では価格は市場の自由意思にまかせられます。需要と供給の相互作用により、自動的に均衡点に調整されて、資源配分が効率的になされます。これを**「自動調節作用」が機能する**といいます。

> **NOTE**
>
> 価格の自動調節作用とは、価格が均衡点よりも高い場合は均衡点に向かって下がり、また価格が均衡点よりも低い場合は均衡点に向かって上がることをいいます。

■ 04-03　市場が価格を決めると

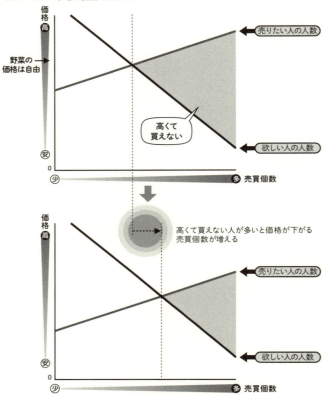

国民の財産権を守る

　政府の役割は、自動調節作用が機能する（物価が自動的に調整される）ように、市場の環境を整備することです。これは、政府の財政政策における3つの役割のうちの1つ「**資源配分**」です。

　ところで、「自動調節作用が機能しない」、つまり「市場の資源配分が健全に機能しない」というのは、どういった場合でしょうか。

　たとえば、代表的なものとして「財産権が明確に設定されていないか、施行されていない」というケースがあります。

　このとき、市場は効率的に資源配分できないおそれがあるのです。

　市場経済を採用している政府の重要な仕事の1つに、国民の財産権を設定し、それが守られるように法律を制定・施行することがあります。

　財産権には、自分の所有する財産を他人に勝手に利用されない（利用から他人を排除する）権利、また資源の所有権・利用権を他人に譲り渡す権利が含まれます。

　これにより、資源の所有者は、資源を現在使用する方がいいのか、あるいは将来のために保存しておくのが良いのかを、自分の意思で決めることができます。これが財産権です。

　もし政府が、土地を所有している人に対して、他人が勝手に土地を利用できないように保障しないとしたら、土地は先に使ったもの勝ちになります。誰も安心して土地を財産にすることができなくなりますし、そもそも土地を利用することにすら不安を覚えます。将来、家を建てたり、値上がりしたら売るなどということも考えずに、すぐにでも土地を売り払うのではないでしょうか。なぜなら、いつ他人に勝手に利用されるかがわからないのですか

ら。

　あるいは、仮に自分が広大な土地を持っていて、そこから原油や鉱石が産出されるのに、原油や鉱石を販売する権利が自分にはないとしたら、どのようなことが起きるでしょうか。

　広大な土地の管理費用を負担するだけになるので、誰も土地を持ちたがらないでしょう。同時に、鉱山や油田を購入したり、発見したりして、一大財産を得るというインセンティブ（誘因）もなくなります。すると、鉱山や油田が発見されることもなくなるでしょう。

　つまり、個人の財産権を認めるということは、人々が経済活動を行うようにうながすインセンティブなのです。インセンティブがあるからこそ、人々はさまざまなビジネス的な挑戦をしますし、その結果として、国全体の経済が活性化するのです。

　こうした財産権の保護や契約の履行を保障するシステム（法律や裁判所）がなければ、秩序を維持できなくなります。こうして、各人の経済活動を保障するのが政府の役割なのです。

第 4 章　政府の経済学

================ Market Failure ================

市場の失敗

「情報の非対称性」と「外部性」

「適切な競争」と「十分な情報」が大切

　政府には、企業や消費者に十分な情報を提供して、適切な競争を確保する役目があります。

　適切な競争が行えて、なおかつ参加者には判断するための情報が提供されているといった状態が、効率的な市場には必要です。「十分な情報」とは、消費者や企業経営者が商品に関する正確な情報ということです。十分な情報があってこそ、消費者や企業経営者は初めて適切な選択ができます。消費者が価格を見て企業と取引する（モノを買う）のは、その商品にはある程度の品質が保証されていると信頼しているからです。

　ただし、医療などの専門性の高いサービスは「**情報の非対称性**」が高いため、売り手市場になりがちです。それを防ぐために、政府は免許制度を設けるなど、さまざまな規制をするのです。

NOTE

　情報の非対称性とは、一方が十分な情報を持っていて、もう一方は少ない情報でしか判断できない状態を表す言葉です。たとえば、中古車市場では、売る側は販売する中古車の情報について詳しいが、買う側はその中古車に関する情報が少ない、といった場合です。

また、適切な競争が成立するためには、先にできた企業（先発企業）が市場を独占して、商品の価格や品質を勝手に設定するような状態ではいけません。

　たとえば、ある企業が市場をほぼ独占している業界に、新しい企業（後発企業）が参入した場合を考えてみましょう。先発企業は市場を独占しているため、原料を大量に仕入れて費用を安く抑えられます。つまり、価格の主導権を持っています。この状態で、安売り勝負になったら、後発企業は先発企業にかないません。後発企業がつぶれて再び市場が独占状態になったあとで、先発企業は価格を引き上げることも可能です。このように先発企業が価格を自由に決められるようでは効率的な市場とはいえません。

第三者に思わぬ影響を与える外部経済

　さて、適切な競争ができて、十分な情報があったとしても、市場での取引は思わぬ効果をもたらすことがあります。

　企業の最大の目的は、利益の最大化でした。この目的を達成する過程で、企業は公害や環境問題を引き起こすことがあるのです。

　たとえば、トラックによる排気ガスや騒音、工場の煤煙、排水による水質汚濁などです。これらは市場での取引とは、まったく別の思わぬところで発生します。

　このような公害や環境問題を経済学では「**（負の）外部性**」といいます。外部性とは、商品の生産と消費に際して、やりとりをした生産者・消費者以外の第三者に思わぬ影響を与えることです。

　公害や環境問題は「**生産の外部不経済**」ともいわれ、生産過程で他人の環境・健康に悪い影響を及ぼすものです。

　その対策には、たとえば、排出物の量に応じて税金を課すといっ

たことが考えられます。今では特に中国の環境汚染問題が深刻化しており、よく報道されますよね。石炭燃料を使う工場や発電所、また家庭暖房の排煙（二酸化硫黄）と自動車の排ガス（窒素酸化物）が原因となって、空気が滞留した結果、中国全土の4分の1が有害物質を含む濃霧に覆われるなど社会問題になっています。

こうした問題を解決するには、公害を「**内部化（市場を経由させる）**」することです。

また、消費の段階でも、他人に悪い影響を与えるものがあります。たとえば、生活排水、排気ガス、騒音、喫煙などです。これらも利用者に課徴金などを課すことで内部化（規制）が可能です。こちらは「**消費の外部不経済**」といいます。

> **NOTE**
>
> 外部不経済（負の外部性）は、悪い影響をもたらしますが、これとは反対に第三者の環境・健康に良い影響を与える「外部経済（生産の外部経済と消費の外部経済）」もあります。たとえば、ダム工事の目的は発電や治水で、取引の参加者は政府、ダムの建設業者、電力会社、消費者となります。ところがダムが完成すると、周辺住民や、ダムの電力や治水とはまったく関係ない観光客のレジャーに役立てることができます。

生産や消費の外部不経済を「**市場の失敗**」といいます。こうした市場の光が届かないところに光を当てるのは、政府の重要な役割です。ただし、政府が口を出すべき範囲については「できるだけ広く」という「大きな政府」の立場と、「できるだけ企業に任せるべき」という「小さな政府」の立場との間で、意見が大きく分かれます。

Public Goods

公共財
国民全員が使える社会インフラと公共サービス

消費の非競合性と非排除性

　橋、道路、ハイウエー、公園など、国民みんなが使うものは、「公共財」といわれています。この公共財を建設するのは、政府の役割です。建設しているのは民間の建設会社ですが、お金を支払うのは政府です。

　市場は、私たちが欲しいと思うたいていのもの（私的財）を供給してくれます。しかし、公共財のような商品・サービスは利益になりにくいので、自分で投資して生産しません。その供給されない部分を補うのが政府というわけです。

　公共財には、道路やハイウエーなどといった社会的インフラのほかに、国防、警察、消防、初等教育などといった行政サービスも含まれます。

　これら公共財の共通点は何でしょうか？

　通常の私的財であれば、誰か個人が消費（利用）すればなくなってしまうのに対して、公共財は国民全員が共同で利用することが可能な商品です。また、私的財が価格を支払わない人は手に入れることができないのに対して、公共財はお金を払わずに、誰でも自由に利用ができます。これを「**消費の非競合性**」といいます。

　この誰でも自由に利用ができるということから、**タダ乗り（フリーライダー）**が発生することになります。

第4章　政府の経済学

今回は、警察の治安出動について考えてみましょう。

警察が維持する安全（治安サービス）は、税金を払っている人だけを選んで供給するというようなものではありません。同時に、税金を払っていない人だけに供給をストップするということもできません。これを「**非排除性**」、または「**排除不可能性**」といいます。

もし、民間の会社だけでこうした公共財を提供しようとすると、過少供給に陥り、国民全体に行き渡らないでしょう。

民間の企業の場合、代金を支払わない人や人口の少ない地域に商品・サービスを提供しても、損が膨らむばかりです。おまけに、提供がやめられないということであれば、どの企業も市場で商品・サービスを売ろうとはしないでしょう。

公共事業でGDPを増やす

先ほどGDPを増やすためには、労働の質も未熟練労働者が教育を受けて、熟練労働者になることによって増やすことができるといいましたが、この労働者の質を高める教育も政府に求められます。また、地域が便利になるように、道路のほかに、大病院や運動場、大ホールも必要です。こうした政府が企業の代わりにお金を使うことを「**公共事業**」といいます。

公共事業を行えば、その事業を引き受けた企業は利益を得られ、労働者の給料も増えます。結果的にGDPが増えるので、願ってもないことになります。「公共財」の提供を率先して行うべきだというのが、「大きな政府」の考え方です。

ただし、「大きな政府」には、大きな問題があります。それは、政府が使うのは私たちの税金だということです。まず税金で支払い、そして足りない部分は国債を発行して集めるのですが、その

171

お金も限りがあります。これに対して、「できるだけ企業に任せるべき」というのが「小さな政府」の立場です。

政府もトレードオフに直面している

　政府の活動には税金が当てられますが、当然有限なので、政府が供給できる公共財（社会的インフラ、行政サービス）も必然的に限りがあります。経済学的にいうと、家計や企業などと同様に政府の経済活動も希少性に直面しています。

　自由に使える所得（可処分所得）が限られた家計の場合、優先順位をつけた上で、商品を買います。これと同じように、政府の経済活動も予算による制限があります。そのため、どの公共財を提供するか優先順位をつけなければなりません。

　たとえば、ある大きな国有地があったとします。このとき、運動場を造ると決めたら、ほかの利用方法をあきらめなければならない、といったトレードオフが発生します。

　ある市の市議会で1000万円の予算配分が審議されたとします。市議会には、次の3案が提出されました。

　1台250万円のパトカーを4台購入する案、1カ所につき500万円かかる高齢者施設2カ所の改修案、テニスコート2カ所の建設計画案（1カ所250万円、合計で500万円）の3案です。このように、複数の案が出ている場合、市議会はどのように選択し、予算を支出をすべきでしょうか？

　このとき効率的に意思決定をするにはどうすればいいかといえば、「**費用便益アプローチ**」を使います。これによって、どの案が効率的か（最適水準）を決めるのです。

　費用便益アプローチを使えば、1円の財政支出（費用）が1円

以上の価値（所得の増加・便益）を生み出すかどうか、また価値を生み出すとすればどれほどの大きさかを比較して選べます。

市の計画の最適水準を決定するため、市は計画によって供給される公共財を若干多くしたり、あるいは若干少なくすることによる費用と便益（所得の増加）を比較しなければなりません。つまり、賢い選択が必要なのです。

たとえば、パトカーを2台購入、高齢者施設1カ所を改修することでちょうど1000万円になります。この場合は、テニスコートの建設は見送りです。または、テニスコートの建設2カ所と高齢者施設の改修2カ所でちょうど1000万円です。この場合は、新しいパトカーの購入は見送りです。

あるいは、パトカーを1台購入、テニスコートを1カ所建設、高齢者施設を1カ所改修することで、ちょうど1000万円になります。3案すべてを部分的に達成することができます。しかし、改修工事や建設などは、一度に行った方がコストを下げられる可能性もありますから、これが本当に正しい選択とは限りません。

正直にいって、政府が公共財への支出を選択する場合は、明確な正解がありません。選択を検討する中で、より良いと思われるものを選んでいくしかないのです。

つまり、いい政治家とは、複数案の中から最良（と思われる）案を選択し、しかも、それが最良である理由を人々に説明できる人物ということになります。

このケースにおける「最良」の判断基準は、経済的に効率的かどうかです。家計や企業と同様に政府も、限られた予算の中で、国民レベルでの経済的な目標を果たさねばなりません。目標には、経済効率、経済的自由、経済的安全保障、経済的公平、完全雇用、経済成長、物価の安定などが挙げられます。これらの目標に政府は優先順位をつけて、経済運営を行う必要があります。

Government Failure

政府の失敗

費用負担と利益は平等にはなり得ない

経済的には正当化できない政策

　市場が決定する資源配分に対して、個人や利益集団が不満を持ったときに、政府は多くの場合、直接的に「**所得再分配**」（財政政策の3つの役割の1つ）を行います。また、政府の施策の副産物として、間接的な所得再分配も行われています。

　たとえば、資源配分で潤う一方の人々からより多くの税金を徴収し、その分を不満を持つ個人や集団に分配するのです。

　所得税の累進課税がそれに当たります。利益を得た人ほど、その社会のシステムを有効に使えたのだから、社会への使用料を払うという理屈です（相続税も同じです）。

　それと同時に、政府は貧しい人々の生活を補助します。

　こうした場合は、費用と便益（所得の増加）を設定・評価し、誰が利益を得て、誰が費用を負担するのかを見極めることが必要になってきます。

　実は、すべての国民が、政府の施策に対して同じだけ費用を負担したり、そこから同じだけの利益を得ているわけではないのです。これは、公教育の費用と利益を考えてみればいいでしょう。誰が最も利益を受け、誰が最も費用を負担しているのでしょうか。

　子どものいない人々、子どもを私立学校に通わせる人々も公教育へ投入される税金を負担しています。なぜならば、子どもに教

育を受けさせることは将来的な犯罪の防止になりますし、また国民1人1人の知的レベルや技術レベルが向上し、一国の経済発展の原動力ともなるからです。つまり、第三者の生活に良い影響を与える「外部経済」というわけです。

このように、社会全体が受け取る利益が費用を上回ることが明らかであれば、政府は市場に代わってサービスを供給することになります。

その一方で、ある政策の実現にかかる費用が利益を上回ると予想された場合、経済的には正当化されないので、通常は政策として実現しません。

これについてちょっと考えてみましょう。

たとえば失業中の人の支援に、1人当たり50万円の費用がかかる職業訓練プログラムがあるとします。このプログラムを実行するのは良い経済的決定でしょうか。

確かに、失業中の人を訓練すれば、スキルは向上するかもしれません。しかし、その費用はもともと別の労働者たちの税金から出ているにもかかわらず、税金を納めた人たちはその職業訓練プログラムを受けることができないという、おかしな事態になってしまいます。つまり、経済的には正当化できないということです。

ただ、政府が政策を実施するとき、費用が利益を上回る場合、つまり、経済的には正当化できない政策が行われることもときにあるのです。

実は、市場と同じように政府にも欠陥や不完全な点があるのです。

なぜ貿易障壁はあるのか

もちろん、経済効率よりもほかの社会的目標が追求されること

が原因の場合もありますが、一般の人々に費用を押しつけることができる利益集団の行動が原因だと思われることも多いのです。

たとえば、業界団体、労働組合などの利益集団です。

貿易において、関税や輸入割当で競争から守られている企業はたくさんあります。安い輸入品に対して、高い関税をかけて国産品との価格差をなくすことで、輸入品の競争力を弱める、事実上の価格統制です。

かつて、日本でも牛肉の輸入は規制されていて、牛肉は高額でした。

結局、アメリカの要求により、規制が緩和されて、多くの家計にとって手の届く商品となったのです。

こうした価格統制は、特定の利益集団によってよく主張されます。こうした産業で雇用されている者は、労働者人口全体のわずかな割合にすぎないというのに！

この場合の費用と便益（所得の増加）の関係を説明しましょう。

まず、先ほどの市場が効率的に動くためには、「需給の均衡点で取引されること」という市場メカニズムを政府が確保しなければならないという話を思い出してください。政府による価格統制は、市場メカニズムの確保という政府の役割とはまったく逆効果を生み出します。価格が統制されることで、「価格の自動調節作用」が機能しません。そのため、価格は均衡点まで調整されず、高い価格のままでとどまってしまいます。また、供給される商品の数量も大きく減少します。

価格統制のために過少生産や慢性的な不足となり、消費者の手に入りづらくなってしまうのです。高い価格で購入した消費者は、貿易障壁の費用を負担しているのです。販売側は、消費者の負担分も利益になるというのに。

国際貿易における障壁（高関税や規制）は、通常、このように

第 4 章　政府の経済学

国民の費用が国民の利益を上回るため、本来であれば採用されないはずですが、障壁によって大幅な利益が期待できる特定の人々や集団によって支持されることが多いのです。

こうした貿易障壁によって発生する費用は、大勢の人々の間で広く負担されているのが特徴です。1 人当たりの負担がわずかなため、消費者にとって、費用を負担しているという認識はあまりないのが実情です。このため貿易障壁の政策は、たびたび採用されることになるのです。

政府は増税よりも借金を選びがち

こうした政策がしばしば実行されるのは、有権者、公務員、政治家は、自らの政治的決定の費用を、いつも直接引き受けるわけではないからです。

政治家には、多くの人々に幅広く費用を分散させて、強い政治力を持つ比較的少数の集団に対して利益を与えるような政策を実行するインセンティブ（誘因）が存在するのです。

つまり、政治家には「即座に利益をもたらし、費用分担を先延ばしにする」政策を優先するインセンティブが存在するということです。たとえば、減税すると有権者には喜ばれます。減税の穴埋めには借金（国債）が必要で、将来的にはこの借金を返済する必要があるというのに、です。

逆に、「即座に負担を発生させ、利益を得られるのは将来になる」政策を優先しようとするインセンティブは、ほとんどありません。

たとえ、この政策が、経済的に優れていてもです。財政赤字の削減には今すぐにでも増税が必要だとしても、有権者にとっては、財政赤字の削減による将来的な借金完済についてはメリットを感

じないのです。

　このために、政府は借金をしがちになります。増税は有権者にとってまったく魅力を感じないために、政策としてとられにくく、借金（国債）という政策をとりがちとなります。

　大きな政府の立場では、当然ながら出費が増えます。特に国民への手厚いサービスをしたり、多くの失業者を雇用するような政策をとれば、費用が膨らみます。その出費のために、増税をするのか国債（借金）を発行するのかで立場がまた分かれます。

　有権者に喜ばれない増税の選択肢をとる政治家は少なく、有権者に喜ばれる借金（国債）を選ぶ政治家が多いために、国の借金（累積する債務残高）が積もりに積もってしまうのです。

第 4 章　政府の経済学

━━━━━━━━━━━━ G o v e r n m e n t　　B o n d ━━━━━━━━━━━━

国債
政府の活動資金を税金以外で調達

政府の借金

　政府の活動には、お金が必要です。しかし、政府は企業ではありませんからビジネスをしてお金を稼ぐことはしません。代わりに、国民から税金を徴収することで活動資金を調達するのです。

　とはいえ、税金だけではまかないきれません。そのため国の借金を債券という形にした「**国債**」を消費者、企業、銀行、外国政府などに購入してもらうことでお金を集めるわけです。**政府は、購入者に定期的に利子を支払いながら、一定期間ののちに、約束した金額（額面金額）を支払います。**

NOTE

　現在、日本の国債の全体の残高は約 988 兆円で、対 GDP 比約 240 パーセントとなっています。また、平成 29 年度の国債の元利払いに当てられる費用（国債費）は約 23 兆円です。これは、一般会計予算における歳出全体（約 97 兆円）の 24 パーセントを占めています。日本の国債等は、貸し手の 89 パーセントが日本の国民、企業の負担となっています。このうち、日本銀行が 40 パーセント、銀行、生損保などがそれぞれ 20 パーセント弱といった内訳です。

https://www.mof.go.jp/jgbs/reference/appendix/breakdown.pdf

国債は民間企業が発行する債券（社債）と違って、政府が発行して元本と利子を保証するわけですから、信頼度が格段に高いのが特徴です。「返してもらえない」という信用リスクはかなり低いといえるでしょう。もし、仮に返せないときがあるとすれば、国が破たんに追い込まれたときですから、そのときは、お金の話をしているどころではなくなります。そういう意味において、国債は安定した金融商品といえます。

金融商品とは、銀行などの金融機関が扱う、普通預金以外の利息がつく商品のこと。たとえば、株や投資信託など。

　このため、不景気だったり株式市場が混乱したり、経済の先行きが不透明であったりしたときは、みんなが国債を購入したがります。
　ただ、信用が高い反面、さほど利子は高くありません（国債の最低利率は 0.05 パーセントと定められています）。
　そこで、株式市場が好調だったり、経済が上向きでほかに利率の高い金融商品（株式など）があったりすれば、多くの人は国債を売って、金融商品を購入するようになります。
　つまり、不景気のときには国債の人気（価格）が上がり、景気のいいときには国債の人気（価格）は下がります。
　いってみれば、国債の人気は景気のバロメータなのです。バロメータとは、国債から得られる一定期間の利子である「**利回り**」のことです。
　そのため、景気がいいときには「国債の利回りが高くなる」、景気が悪いときには「国債の利回りが低くなる」のです。

国債の利回り（長期金利）を見れば景気がわかる

国債の利回りは、国債の価格とは逆の動きをします。

ここで簡単に、国債の仕組みを説明します。

国債などの債券は、原則として、決められた利息を定期的に受け取り、満期日には発行時に約束された金額（額面金額）が償還（返済）されます。

債券には、「**新発債**（新しく発行される債券）」か、「**既発債**（すでに発行された債券）」の２種類があります。

新発債の販売価格は、債券の発行者（国債の場合は政府）が決めます。これを「**発行価格**」といいます。

国債の満期は、２年、５年、10年、20年など長期間で、満期になる前に景気が変わってきます。それに合わせて国債の価格も変わります。そのため、持っている人が売りたくなったり、買いたくなったりするのです。

そこで、すでに発行された国債（既発債）を扱う流通市場があります。流通市場で取引される価格は、需要と供給のバランスで決まってくるのです。

もしかしたら、あなたが売りたいと思ったときの価格は、国が発売したときの発行価格よりも、かなり下がっているかもしれませんし、あるいは、それほど変わっていないかもしれません。償還日には額面金額が国から支払われるので、償還日が近くなるにつれて、市場における国債の価格は額面金額に近くなっていきます。

たとえば、国債が欲しいと思ったときに、発行価格よりも安い価格で買えたとします。この購入価格と償還日に支払われる額面金額との差が大きいほど、利益は高くなります。

この利益を購入日から償還日までの年数で割ったもの（つまり１年ごとの利益）と、その間に得られる利息の合計を「**利回り**」

といいます。

　ここでは例として、額面 10 万円、10 年満期、確定利子（クーポン）が年 1 万円という債券（＝**確定利付債券**）を考えてみます。「確定利付債券」とは、1 年ごとに金利が支払われ、満期時には元本が返済される債券のことです（国債はこのタイプです）。それに対して、額面から金利分があらかじめ割り引かれた価格で発行され、満期時に額面金額が支払われる債券を「**割引債券（ゼロクーポン債）**」といいます。

　今回は 10 万円で買って、1 年ごとに 1 万円の利息がもらえて、満期を迎えれば、10 万円が戻ってくるという国債の利回りについて考えてみましょう。

　まず、発行価格（債券価格）10 万円、利子 1 万円とあるので、10 年間で利子の合計は 10 万円です。利回りは 1 年ごとの利益で見るので、年数の 10 で割ります。すると 1 万円。つまり、利回りは 10 パーセントです。

　ところが、5 年後に景気が良くなり、国債の人気が落ちてきました。この市場で「5 年がすぎた 10 年物国債」の市場での取引価格が下がってきます。

　債券市場で国債の価格が 5 万円になったとします。この時点で買った人の利回りはどうなるでしょうか。このとき、すでに利回りは 10 パーセントではありません。

　まず、5 万円で償還まで残り 5 年の国債を買いました。利子は 5 年分で 5 万円もらえます。1 年分は 1 万円です。

　5 年後に 10 万円で償還されるので、国債の価格からだけでも 5 万円の利益が出ます。

　利回りは 1 年ごとの利益で見るので、この 5 万円を 5 年で割り、1 年ごとにもらえる利子 1 万円と合わせると、1 年に 2 万円がもらえる計算です。5 万円に対して 2 万円なので、利回りは 40 パー

第4章 政府の経済学

セントになります！（これはあくまでたとえ話で、こんなお得な国債はもちろん実際にはありません）

このように国債の価格が下がれば、利回りが上昇するということです。

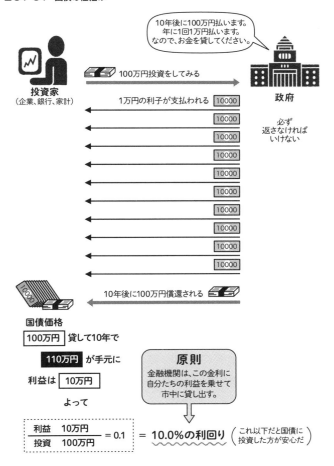

■04-04 国債の仕組み

ここで利回りについて整理すると次のようになります。

> **POINT**
>
> ・国債価格が安く、額面金額との差が大きい場合、利回りが高くなります。
> ・国債価格が高く、額面金額との差が小さい場合、利回りは低くなります。

　新発10年国債の利回りのことを「**長期金利**」といいます。10年後の償還期間に額面金額は支払われますが、世に出たばかりの時点でのこの国債が市場でどのように受け入れられるのかが景気の指標になるのです。この10年物国債に人気が集まったら（国債価格が高くなったら）、ほかに買いたい金融商品（株式など）がないということですから、世の中は不景気ということですね（利回り・長期金利は低くなる）。

　一方で、景気が良ければ、ほかの金融商品に投資をしますので、国債は不人気になり価格は安くなります（利回り・長期金利は高くなる）。

　国債のパーソナル・ファイナンスの公式は次の通りです。

> **POINT**
>
> ・投資家はこれから景気が良くなると予測すると、株価が上昇すると予想して、国債よりも株式に投資をする。→国債は不人気になり国債価格は低下、利回りは上昇（長期金利は上昇）する。
> ・投資家はこれから景気が悪化すると予測すると、株価が下落すると予想して、株式よりも国債に投資をする。→国債の人気に上がり国債価格は上昇、利回りは下落（長期金利は下落）する。

つまり、「長期金利が高いときは、景気が良い」。「長期金利が低いときには、景気が悪い」ということが見えてくるのです。

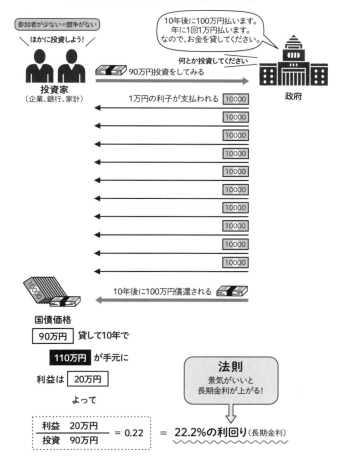

■ 04-06　不景気時の国債の仕組み（国債の価格が高いとき）

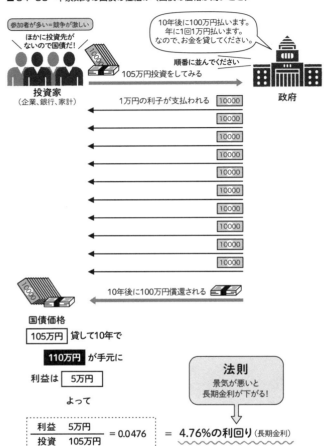

第 4 章　政府の経済学

短期金利と国債の関係

短期金利と国債の関係は次のようになります。

POINT

・短期金利が下がると、金融商品の金利も低くなり、国債が有利になります。このため、国債を欲しがる人が増えて、国債の価格は上がります（＝国債の利回り・長期金利が下がります）。
・短期金利が上がると、金融商品の金利も高くなり、国債よりも有利になります。このため国債を売りに出す人が増えて、国債の価格は下がります（＝国債の利回り・長期金利は上がります）。

この動きは投資家にとって、マネーの常識であるため、金利の上昇が予想されると、国債価格が下がります。このため、国債を保有している人は、国債価格が下がる前に国債を売りに出して、投資対象をほかの金融商品に切り替えようとします。

つまり、国債を「欲しい！」という人は減ります。その結果、今度は国債価格は下がります（＝利回り・長期金利は上昇します）。

金利が下がると、金融商品の金利も低くなり、金利と同様の動きをする金融商品よりも、定期的に決まった利子がもらえて、満期に額面金額が戻ってくる国債を持っている方が有利になります。そのため、国債を購入しようという人が増えます。このため、国債を欲しがる人が増えて、価格は上がります（＝国債の利回り・長期金利は下がります）。

金利が下がることが予想されると、投資家はほかの金融商品を売って、国債価格が上がる前に国債を購入しようとします。

187

その結果として、国債価格は上昇します（＝利回りは下落します）。

第5章

貿易と為替の経済学

国際的な分業で世界全体が潤う

Trade

貿易
国民経済の利益が最大化する

5番目の経済主体「外国」

　これまで経済を次の4つの経済主体に分けて考えてきました。「幸福の最大化」を目指す家計（消費者：第1の主体）、「利益の最大化」を目指す企業（第2の主体）、家計と企業から構成される経済サークルにお金を融通する金融機関（第3の主体）、国全体の「経済成長の最大化」を目標とする政府（第4の主体）です。

　家計、企業、銀行、政府という4つの経済主体は、1つの国の中にある「**国民経済**」といわれるものです。

　最後の5番目の主体が「外国」です。国民経済は「外国」経済と取引（貿易）をすることで、経済成長を高めようとするのです。これにより国民経済の利益は最大化し、幸福が最大化するというわけです。

　国民経済に、もう1つの経済主体である外国を加えると、「**国際経済（世界経済）**」になります。

「外国」経済の中には、外国の家計、外国の企業、外国の金融機関、外国の政府といった各経済主体が含まれますが、この章では一括して、「外国」としています。

　たいていの国は、外国とは貿易を通じて経済的につながっています。

　たとえば、アメリカは、バナナ、コーヒー、ユーカリ油などを

第 5 章　貿易と為替の経済学

外国から輸入しています。国内でもこれらを生産することはできますが、生産しているという話はあまり聞いたことがありません。なぜなら、アメリカ国内でこれらの作物をわざわざ費用をかけて作るよりも、ほかの国から輸入をする方が安上がりだからです。このように、安い商品を輸入・利用できるため、アメリカ人の生活は良くなるのです。

　また鉱物などの資源は、世界各国に平等に埋蔵されているわけではありません。たとえば、原油は中東が中心ですし、自動車のエンジンの煤煙フィルター装置に必要なプラチナはロシアや南アフリカなど、ごくわずかの国でしか産出されません。これを「**生産要素の地域的偏在**」といいます。

　一方で、プラチナを自動車のエンジンに最も効率的な形で取りつける技術を持つのは、アメリカや日本です。これを「**生産技術の地域的格差**」といいます。

　世界各国は、それぞれ得意分野を持っています。たとえば、アメリカならば、鉱物などの資源を輸入し、自国が得意な自動車やパソコンに加工して外国に輸出し、その売上代金で外国からバナナ、コーヒー、ユーカリ油などを購入した方がだんぜん効率的でしょう。

　このように、（取引が強制的なものでない限り）貿易は国際的な分業です。

　お互いの生産物を取引することで、それぞれの国に利益をもたらします。生産要素の地域的偏在と生産技術の地域的格差を、国際的分業により解消することができるのです。

　さて、貿易が円滑に行われるためにはお金が必要ですが、それぞれの国で通貨と通貨価値が異なりますから、その通貨を両替する必要があります。それが「**外国為替**」です。

　日本やアメリカでは、為替レートの決定に「**フロート制（変動**

191

相場制)」を採用しています。フロート制とは、為替レートが市場のメカニズム（通貨の需要と供給）で決まるというシステムです。

　為替レートとは「1ドル○○円」というような、ある国の通貨とほかの国の通貨との交換比率のことです。たとえば、現在のドル円レートは1ドル100円前後です。しかし、明日は1ドル90円になるかもしれないし、明後日は1ドル110円になるかもしれません。

　この為替レートを決めるのが**外国為替市場**というわけです。

第5章　貿易と為替の経済学

################## Floating Exchange Rate System ##################

フロート制（変動相場制）

為替レートは需要と供給で決まる

外国為替市場は世界各地にある

　現在では、為替レートは多くの先進国で「フロート制（変動相場制）」が採用されています。フロート制とは「**為替レートは需要と供給に影響されて上下する**」というシステムです。

　市場メカニズムによって「為替レートは需要と供給で決まります」が、先ほどもいったように、為替「市場」という場所が実際に存在するわけではなく、株式のように証券取引所があるわけでもありません。

　世界の銀行間で為替の取引が行われています。この銀行間の取引を「**インターバンク市場**」といい、円やドルをはじめとする通貨は、インターバンク市場で取引されます。

　東京外国為替市場の取引時間は、午前9時から17時までですが、為替は世界中のどこかの市場で24時間取引されています。

　世界の3大市場は、東京、ニューヨーク、ロンドンです。

　この中でも最大の市場は、ロンドンの金融の中心地「シティ」にあるロンドン市場です。ロンドン市場の取引時間（日本時間の18時〜午前2時）は、ニューヨーク市場の取引時間（日本時間の23時〜7時）と重なります。この2つの市場の取引が重なる時間帯が、世界で最も取引が活況を呈する時間帯なのです。

　世界各国のインターバンク市場と外国為替市場は、密接に取引

をし合っています。その結果として、為替レートが決まっていくのです。

　さまざまな国の外国為替市場において、さまざまな国の通貨が売買し合われています。といっても、取引の主役は「**基軸通貨**」のアメリカドルです。基軸通貨とは、国際的な取引の決済や金融取引の手段として使われる通貨のことです。

　先ほど、「為替レートは需要と供給で決まる」といいましたが、ほかにもいろいろな要因があります。

　為替レートに影響を及ぼすといわれる国際収支状況、景気の動向、物価状況などが影響を与えます。

POINT

○日本時間から見た世界の外国為替市場の開始時間

6時　ニュージーランド（ウエリントン）市場が開く。

8時　オーストラリア（シドニー）市場が開く。

9時　日本（東京）市場が開く。

10時　香港市場、シンガポール市場が開く。

15時　ロシア市場が開く。

17時　ユーロ（ドイツ、フランス）市場が開く。東京市場の
　　　取引が終了。

18時　イギリス（ロンドン）市場が開く。

23時　アメリカ（ニューヨーク）市場が開く。

24時　シカゴ市場が開く。

26時　サンフランシスコ市場が開く。

第 5 章 貿易と為替の経済学

POINT

為替レートはさまざまな要因で変動する

・2つの国の景気の動向……景気のいい国にお金が流れる（その国の通貨が高くなる）。
・2つの国の金利の差……金利の高い国に投資家のお金が流れ込む（その国の通貨が高くなる）。
・2つの国の物価状況……インフレ率の高い国から低い国にお金が流れる（インフレ率が高いと投資したお金の価値が下がっていくため、インフレ率の低い国にお金が流れていく）。
・2つの国の国際収支状況、……輸出よりも輸入が多い貿易赤字の国は、輸出国にその国の通貨建てで支払いをしなくてはならないので、自国の通貨が安くなっていく。反対に、輸入よりも輸出が多い貿易黒字の国は、輸入国からその国の通貨建てで支払いがされるので、自国の通貨が高くなっていく。
・投資家の動き……通貨は投資対象にもなる。投資家は通貨高と通貨安の差額を利益とするために、そのときどきで、一方の国の通貨を買い、もう一方の通貨を売りに出す。

こうした「ファンダメンタルズ（経済の基礎的要因）」といわれる要素が、日米間の市場で比較されるのです。

Market Intervention

政府の市場介入

市場の行きすぎを政府が抑制する

政府が円安、円高を誘導

　為替市場は自由な取引で動いています。しかし、自由な取引に任せ切りでいると、思ってもいない方向（急速な円高や円安）に大きく進んでしまうことがあります。こうした行きすぎを抑制するために、時おり政府が介入することがあります。

　政府の「市場（為替）介入」です。政府が中央銀行に指示を出して、インターバンク市場で自国通貨と外貨を取引するのです。

　日本であれば、日本銀行（中央銀行）は政府（財務大臣）の代理人として、政府の指示に基づいて為替介入の実務を行います。

　たとえば、円高が進みすぎて、日本の輸出産業が苦しんでいる場合（たとえば、1ドル100円だった為替レートが一気に1ドル80円に進んだような場合）は、インターバンク市場で円を売ってドルを買う取引を大々的に行います。

　すると、インターバンク市場に、円があふれるようになり、円の人気が下がっていきます。つまり、円安の方向へと進むのです。

　反対に、円安が進みすぎた場合（たとえば、1ドル100円だった為替レートが一気に1ドル150円に進んだような場合）は、インターバンク市場で「ドルを売って円を買う」取引を大々的に行います。

　すると、インターバンク市場で円が足りなくなり、円の人気が

上がっていきます。つまり、円高の方向へと進むのです。

つまり、市場に円が多ければ、人気が下がって円安になる、また、円が少なければ、人気が上がって円高になるのです。

これを「**市場介入**」といいます。ここで購入する通貨は、相手国（日本の場合は米国債）を購入するのが通例なので、「**外貨準備**」という形で国際収支に記載されます。

外貨準備とは、国が輸入代金の決済や、借金の返済などの対外債務の支払いに当てるために持つ、公的な準備資産です（ここには、外貨準備企業や個人など民間が保有しているドルは含まれていません）。

> 「経常収支」「資本収支」「外貨準備増減（政府が各国の国債を購入すること）」「誤差脱漏（金額のずれの調整）」の4項目から構成される収支が「国際収支」です。

「公開市場操作」とは

しかし、現在では市場全体でばく大なお金が動くので、なかなか一国の介入だけでは思うように、為替レートを誘導できなくなっています。このため、主要国が同時に為替介入する「**協調介入**」でないと効果がないとされています。しかし、それぞれの国の産業にさまざまな影響を与えるために、主要国は協調介入にはなかなか動こうとしません。

最近では、実際に為替介入をするのではなく、総理大臣や財務大臣が「これ以上の円高は望ましくない」などという発言で、為替介入をにおわせることで、為替介入をしたのと同様に市場を誘

導しようという「口先介入」が多くなっています。

　日本では、民主党政権時代の2011年に14兆円の為替介入を行ったのが最後です。

　また、政府の為替介入と同様の効果を、中央銀行の金利誘導によっても実現することができます。

　まず、「公開市場操作」です。公開市場操作には「売りオペレーション」と、「買いオペレーション」がありましたね（140ページ）。

　日本銀行が保有する国債を市中銀行のお金と交換するのが売りオペレーション（金融引き締め）です。

　市中銀行が持っているお金を、日本銀行が吸い上げる効果があるため、市場の通貨供給量は減少して短期金利が上がります。

　反対に、日本銀行が市中銀行の保有する国債を買いとるのが買いオペレーション（金融緩和）です。日本銀行が持っているお金が市中銀行にわたり、市場の通貨供給量は増加して短期金利が下がります。

　売りオペレーション（金融引き締め）を実行すると、市場に流通する通貨（円）の量が減少するので、円の人気（価値）が上がって**円高**になります。

　買いオペレーション（金融緩和）を実行すると、市場に流通する通貨（円）の量が増加するので、円の人気（価値）が下がって**円安**になります。

　現在、日本は金融緩和を続けています。これは金融緩和をして、国内の金利を下げて、国内の景気を刺激することが目的なのですが、同時に外国の通貨に対して自国通貨が安くなる効果もあるのです。

　日本国内で見ると、金利を高くすることは景気へのブレーキになります。円高になるので輸出企業は困ります。場合によっては、中央銀行が考えるよりも強いブレーキになり得ます。

第5章　貿易と為替の経済学

　反対に金利を低くすることは、景気へのアクセルになります。円安になるので輸出企業の国際競争力が高まります。円安は歓迎すべきことですが、行きすぎると今度は国内でインフレやバブルが起きてしまいます。

POINT

　売りオペレーション（金融引き締め）→円高になる。
　日本銀行が保有する国債を市中銀行のお金と交換する。
　→市場に流通する通貨（円）の量が減少し、円の人気が上がり、円高になる。
　つまり、金利が上がると、円高になる。

　買いオペレーション（金融緩和）→円安になる。
　市中銀行に、日本銀行が持っているお金がわたる。
　→市場に流通する通貨（円）の量が増加し、円の人気が下がり、円安になる。
　つまり、金利が下がると、円安になる。

アベノミクスでなぜ円安・株高になったのか

　ここ数年の円高の最大の原因は、アベノミクスによる金融緩和です。これは、「金利を低くする＝円安になる」の法則をもとに説明できます。

　2013年4月に、日本銀行が国債の大量買い入れを行なう「異次元緩和」を表明しました。投資家をはじめとする多くの人が「日本銀行が国債を大量に購入するために、国債価格は上昇し、長期金利（国債の流通利回り）は下落する。長期金利が低位に保たれ

199

ることで企業への融資も増えて、設備投資が増加するはずだ」と考えたのです。

　さらに、円安は輸出企業にとって有利なので、輸出企業の業績が上がり、景気が良くなるだろうとも考えたのです。この動きを見越したためか、海外投資家の日本への投資も活発になり、東京株式市場の日経平均株価が上昇しました。

> **NOTE**
>
> 　日経平均株価とは、株式市場全体、もしくは特定の銘柄グループにおける株価の平均値を出し、1つの値に集約した株価指数。日経平均株価を発表している日本経済新聞社は、東証1部上場の日本を代表する大企業225社の株価をピックアップし、株価指数を算出しています。これは、225社の株価を独自の調整値で修正したもので、東証1部上場企業の平均点と言い換えることもできます。

　日本経済は明るくなってきましたが、ただこの動き（金利を低くする＝円安になる）だけでは一面的といわざるを得ません。

　もう一面を理解するためには、ある法則を知っておく必要があります。

　それは、「**ダウ平均株価が上がれば、円は下がる（ドルは上がる）**」の法則です。ダウ平均株価は、アメリカの経済新聞『ウォールストリート・ジャーナル』の発行元であるダウ・ジョーンズ社が算出・発表しているアメリカを代表する「株価指数」です。これで、ニューヨーク証券取引所の株価の動きがわかります。

　ダウ平均株価が上昇しているということで、アメリカの景気が良くなっていくのではと予想した投資家は、ダウ工業関連の株式

第 5 章　貿易と為替の経済学

を購入したり、アメリカへの投資のために、円をドルに換えよう
とする動きが出てくるのです。

このために、ドルの人気が上がり、円の人気が下がるのです。

もちろん、円安になることは、日本にとって悪いことではあり
ません。輸出企業が好調になり、日本経済も景気が良くなってい
くのです。

つまり、「**ダウ平均株価が上がれば、日経平均株価が上がる**」
という法則が成立するのです。

なお、ダウ平均株価は、欧州ソブリン危機への警戒感がくすぶ
り続ける中で、各国の金融緩和によって産み出された潤沢なマ
ネーが市場に向かい、住宅市場や雇用統計などの経済指標が回復
傾向にある米国の株式市場に資金が流入。2012 年 11 月から上昇
しています。その勢いで、日経平均株価も好調になったのです。
ダウ平均株価は、2013 年 5 月 3 日には 1 万 4973.96 ドルという史
上最高値を記録しました。そして 2017 年 1 月には 2 万ドルを突破、
2018 年 1 月には 2 万 5000 ドルを突破しました。

安倍政権による経済政策「アベノミクス」で円安になったため
に景気が良くなったというよりも、それはきっかけにすぎず、実
際は、アメリカのダウ平均株価が好調になった結果、日本の景気
も良くなったということもいえそうです。

201

Effects of Changes in Foreign Exchange

為替レートの影響

国の経済は為替レートで決まる

為替レートが企業に与える影響

　為替レートは、企業から家計まで、すべての経済主体に影響を与えます。

　為替レートの変動の結果として利益を得る企業もあれば、損失をこうむる企業もあります。輸入中心の企業と輸出中心の企業では、受ける影響がまったく反対です。

　まず、企業が為替レートに与える影響を見てみます。

　輸出企業が為替レートに与える影響は次の通りです。

輸出企業＝ドル売り＝円買い＝円高要因

　たとえば、日本の輸出企業がアメリカでモノを売ると、代金は基軸通貨のドルで支払われます。そして、手に入れたドルは、社員への給料、国内への支払い、税金の支払いなどのために円に替える必要があります。

　反対に、輸入企業が為替レートに与える影響を考えてみます。輸入企業はアメリカからモノを輸入するときにドルで支払いをしないといけないので、日本円をドルに替えます。

輸入企業＝ドル買い＝円売り＝円安要因

第 5 章　貿易と為替の経済学

次に、為替が企業に与える影響を見てみましょう。

たとえば、円安の場合はどうなるでしょうか。

円安とは、円の価値が下落するということです（モノの価値は上がります）。日本が輸入する商品の値段は上がります。それまでに 1 ドルあたり 100 円で買えたものが、120 円になるわけです。輸入産業が落ち込み始めて、失業者が発生するでしょう。輸入品の価格上昇によって国内の物価が上昇し、その影響で国内金利の上昇を招くこともあり、これは景気にマイナスに作用します。

NOTE

原材料費などの上昇により引き起こされる物価上昇（インフレ）を「コストプッシュ・インフレ」といいます。

外国の通貨の価値は相対的に上がりますから、海外の人たちは日本の商品を安く買えます。

次に、円安のときに有利な企業を考えてみましょう。

為替レートが 1 ドル 100 円のときに、10 億円の輸出売り上げがある企業があったとします。

円安によって 1 ドル 120 円になると、この企業の売り上げはどうなるでしょうか。

ドルベースでの売り上げは変わりませんが、円ベースでは 12 億円の売り上げです。為替レートが変わっただけで、売り上げが 2 億円増大しました。

このように、**円安は日本の輸出企業の売り上げを増大させる**ので、日本の景気にプラスの影響を与えるのです。円安は輸出にはアクセル、輸入にはブレーキの役目を果たします。

円安は、輸出企業にとっては○、輸入企業にとっては×とい

203

うことになります。

　反対に、円高になった場合を考えてみましょう。

　たとえば、為替レートが1ドル120円のときに、輸出で12億円の売り上げの企業があったとします。この企業の売り上げは、円高が進んで1ドル100円になるとどうなるでしょうか。

　ドルベースでの売り上げは変わりませんが、円ベースでは10億円になってしまいます。2億円の減収です。

　つまり円高は、輸出企業の売り上げを下げてしまうのです。

　この輸出企業の収益悪化は、景気にはマイナスに作用します。

　円高は、輸出にはブレーキ、輸入にはアクセルの役目を果たします。

　しかし一方で、輸入品の価格は安くなるので、それが輸入品の国内需要を拡大させ景気にプラスに作用する側面もあるのです。今まで1ドルあたり120円で仕入れていたモノが100円になるのですから、輸入業者が潤うことになります。

　円高は、輸出企業にとって×、輸入企業にとって○ということになります。

　円高になれば、輸出企業が海外にモノを売る値段が高くなるため、売れづらくなります。今の日本は、輸出で利益を出して、国の経済成長をしているので、輸出企業が売れ行き不振になるような円高は避けたいのです。そこで日本政府は、一定程度の円高ドル安で安定させるように、為替市場に介入するのです。企業側も「**為替予約**」をするなど、為替レートの変動リスクに対応しようとします。

204

第 5 章　貿易と為替の経済学

為替予約とは、あらかじめ将来のある日の為替レートを現時点で決めておく、つまり、いくらのレートで取引するかを決めてしまうこと。為替レートの変動リスクを最小限に抑えるための先物取引の 1 つです。

■05-01　想定為替レート

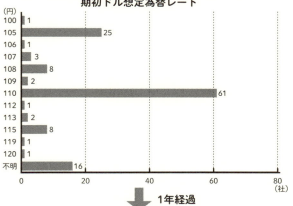

↓1年経過

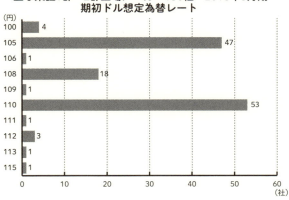

205

為替レートが家計に与える影響

　為替レートは、家計にも影響を与えます。

　為替レートの変動の結果として、得をする家計もあれば、損を
する家計もあります。

　円高であれば、海外からの輸入品を安く買うことができます。
このため、食料や燃料代が安くなってきます。家計の生活として
は、収入がそれほど高くなくても十分に生活ができるのです。た
だし、円高は輸出企業にとっては業績を悪化させる要因ですから、
企業はリストラを行い始めます。家計によっては、失業や収入の
低下という形で悪影響を受けかねません。

　一方、円安であれば、輸出企業にとっては業績を好調にする要
因ですから、企業は人を多く雇い始め、報酬も増やすようになる
でしょう。家計のふところが暖かくなってきます。しかし、円安
は海外からの輸入品の価格が高くなります。食料や燃料代や原材
料費が高くなってきます。輸入品が高くなることによって国内の
物価全般が上昇してしまうのです。たとえば、原油が高くなれば、
漁業や物流にも影響が及び、思わぬ商品までが高くなりかねませ
ん。

　収入がさほど増えなければ、物価が高くなるにつれて、生活は
苦しくなってしまうのです。

　円高と円安には、それぞれプラスマイナスの両面があるのです。

【著者プロフィール】

小川正人（おがわ まさと）

環太平洋大学次世代教育学部国際教育学科教授
1963年大阪生まれ
学習院大学経済学部卒業後、7年間一般企業に勤務。
1995年に渡米しジョージア大学大学院にて修士号・教育博士号（Ed.D）取得。
オレゴン州の公立高校で4年間社会科・日本語を担当。2005年から2013年までインディアナ大学ココモ校助教授・准教授として社会科教育法などの授業を担当。同大学経済教育センター副所長を兼任し、地域の教員・学生を対象とした経済教育ワークショップを企画・運営。2004年に「National Teaching 9-11 Best Practices Award」、2009年と2011年にはインディアナ大学Trustees Teaching Awardを受賞。2013年より現職。

新版　アメリカの高校生が読んでいる経済の教科書

2018年7月2日　初版発行

著者	小川正人
発行者	太田　宏
発行所	フォレスト出版株式会社

　〒162-0824　東京都新宿区揚場町2-18 白宝ビル5F
　電話　03-5229-5750（営業）
　　　　03-5229-5757（編集）
　URL　https://www.forestpub.co.jp

印刷・製本	中央精版印刷株式会社

©Masato Ogawa 2018
ISBN978-4-89451-986-2　Printed in Japan
乱丁・落丁本はお取り替えいたします。

フォレスト出版のベストセラー

経済評論家・**山崎元**氏推薦！

お金は寝かせて増やしなさい

インデックス投資家のバイブル的ブログ
「梅屋敷商店街のランダム・ウォーカー」著者

水瀬ケンイチ著

本体価格 1500 円＋税